LIBERTAD PARA CAMBIAR

Porqué Eres Como Eres y Qué es lo que Puedes Hacer.

por

Gregory L. Little, Ed.D.

Kimberly J. Prachniak, M.S.

Stanley W. Prachniak, M.B.A.

FREEDOM2CHANGE™

Libertad Para Cambiar
Porqué Eres Como Eres y
Qué es lo que Puedes Hacer.

Copyright © 2019 por Gregory L. Little, Kimberly J. Prachniak, y Stanley W. Prachniak

Traducido por: Maria del Carmen Benitez Windisch

ISBN 10: 1-7331459-0-7
ISBN 13: 978-1-7331459-0-9

FREEDOM2CHANGE™
Freedom2change.org
P.O. Box 9025
Memphis, TN 38190

wwwfreedom2change.org

AGRADECIMIENTOS

Este libro es el resultado de años de trabajo colectivo de los autores y representa una combinación de ideas, conceptos, y observaciones hechas a través de décadas de práctica en la profesión ayudando a los demás. Ideas teóricas de Freud, Jung, Ellis, Skinner y otros se pueden encontrar en este libro. Se agradece a nuestras familias, amistades, y muchos colegas, algunos ya fallecidos, por su apoyo.

DESCARGO DE RESPONSABILIDAD: Si sientes o crees que necesitas terapia, asesoramiento, ayuda psiquiátrica o médica, busca estos servicios en proveedores calificados. Este libro no sustituye ayuda profesional por trastornos emocionales o psicológicos. Se puede describir como un libro que alienta el ayudarte a tí mismo o se puede considerar como self coaching (auto-entrenamiento). Self-coaching es un término no muy usual, pero implica el manejar nuestra vida a través de un proceso metódico con un plan y disciplina. También implica que tienes el poder de manejar tu propio camino en la vida. Una serie de cuadernos de trabajo y breves seminarios estarán disponibles para aquellos que buscan más detalles en los procesos y conceptos descritos en el libro. Consulta nuestra página internet para mas detalles:

<u>www.freedom2change.org</u>

Te sugerimos que leas este libro varias veces, especialmente cuando te sientas desconcertado en la vida o tengas dificultades en tus relaciones. Esto permitirá que las ideas en el libro se capten, se digieran, y se vean de manera diferente la próxima vez que lo leas, dependiendo de las circunstancias en ese momento. Aprenderás algo diferente cada vez que lo leas. Usalo como referencia cuando hagas los ejercicios del cuaderno porque se usan conceptos que hallarás aquí.

INDICE

PROLOGO

Cómo Te Formaste y nuestro Propósito

Hay tres razones por las cuales eres como eres. Primero, llegaste a este mundo con unas serie de características genéticas y predisposiciones incorporadas en tí. Dependiendo de la característica particular y personal que estés considerando, entre treinta y ochenta y cinco por ciento surge de nuestra genética (Vea Introducción a Psicología 2017). Segundo, el ambiente y circunstancias en las cuales naciste y existen hoy han influenciado y revelado tus predisposiciones genéticas y han formado tus creencias acerca del mundo y tu lugar en éste. Tercero, has elegido opciones que te dirigieron a este lugar y momento preciso. Lo que hagas hoy puede cambiar las cosas. Esto continuará siendo verdad hasta que dejes de existir. Lo que elijas hacer con estos conocimientos depende de tí, lo cual es el propósito de este material.

El propósito primordial de este libro es para recordarte de tu libertad innata. No puedes hacer lo que quieras, y no puedes convertirte en lo que deseas, pero eres capaz de mucho más que lo que crees. Tienes la libertad de cambiar casi todo.

Muchas personas que lean este libro estarán pasando por situaciones personales. Estas cuestiones pueden ser problemas en sus relaciones, trabajo o decisiones en su profesión, o un sin fin de conflictos personales. Queremos recordarte de una verdad importante que tal vez ya sepas pero que está muy en el fondo de tu ser y que usualmente no estás consciente de ella. Es la siguiente: *El motivo más grande por el cual somos infelices y tenemos adversidades en la vida viene de tratar de controlar cosas fuera de nuestro control y de no controlar las cosas que si podemos.* La gente emplea mucho tiempo y energía lamentándose por lo que no tiene, y a la vez ignorando o descuidando lo que sí tienen y lo que pueden controlar. Tu tienes la libertad de creer lo que tu quieras de este concepto, pero entiende que hay consecuencias a tus creencias. Esencialmente, el darnos cuenta del enlace entre controlar las situaciones y la felicidad nos lleva a tomar decisiones auténticas y vivir responsablemente. Si intentas no controlar las cosas que están fuera de tu control y te enfocas en las cosas que sí puedes controlar puedes encontrar tu camino verdadero. El camino que te lleva a la verdadera felicidad. Esto es de lo que se trata Libertad para Cambiar.

También hay normas y principios para manejar adecuadamente las muchas situaciones que queremos controlar en la vida. Cómo responde una persona a estos principios y normas está directamente relacionada a la felicidad, satisfacción, y lo que se piensa de lo que es el éxito en la vida. Este libro presenta un resumen de estas guías básicas. Una vez más, tu tienes la libertad de creer y aceptar esto como verdad, o tal vez no. Pero el punto más importante es que de verdad tienes la libertad de poder cambiar cualquier cosa en tu vida, asumiendo que aceptas el control que tienes y dejes lo que no puedes controlar. *Sin embargo, vas a cambiar no importa lo que hagas y el mundo cambiará a pesar de todo lo que hagas.* Puedes determinar lo que significan los cambios que vienen. La opción es tuya.

Por último queremos decir ahora al principio de este proceso y experiencia que lo que sigue no es nuestra intención de decir que es la "única" forma. Es **una** forma. Son un conjunto de ideas y verdades de una vasta sabiduría. Tratamos de presentarlas en un formato simple el cual fue diseñado para dar información, despertar conciencia, y presentar algunas de las opciones básicas que comúnmente se encuentran en la vida. Presenta una filosofía de vivir al igual que sugerencias y guías prácticas para encontrar la verdad de ti mismo, tu vida y la felicidad.

CAPÍTULO 1

La Vida Puede Ser Difícil,
Pero Fácil Definitivamente

Hace tiempo en el año 1978, el autor M. Scott Peck inició su exitoso libro *The Road Less Traveled* (El Camino Menos Transitado), con estas palabras, "La Vida es Difícil". Es probable que aún esto sea cierto, pero la vida se ha vuelto más fácil en muchas maneras. Hacer la vida más fácil es uno de los principales estímulos que impulsa a la innovación, inventos, y avances tecnológicos. No importa que es lo que puedas crees acerca del principio de la vida en la tierra, desde el comienzo los humanos han esforzado hacerse la vida más fácil. El vestir, tener albergue, calefacción, contenedores para comida y agua, la evolución de la tecnología de cazar, el cultivo y preservación de la comida, y cualquier otro desarrollo que puedas pensar ha ocurrido porque nos esforzamos por mejorar la vida, más predecible y tener mejor control. Hemos avanzado mucho como raza. Y la tecnología actual muestra que no hay fin en las cosas que podemos hacer para que todo se facilite.

Tres Verdades de la Naturaleza Humana

Hay tres verdades esenciales de la naturaleza humana que creemos que son necesarias que revelemos en el comienzo del proceso. Las tres verdades de la naturaleza humana están programadas en nosotros tan profundamente que muy rara vez comprendemos su significado. Casi todo lo que hacemos se relaciona a estas tres verdades.

Primero, tenemos un objetivo primordial en nuestra naturaleza humana. Está impreso en nuestro cerebro y es el impulso más fun-

damental de todos. **Es el impulso para sobrevivir.** Es tan poderoso que haremos cualquier cosa necesaria para sobrevivir-cueste lo
que cueste. Segundo, **la sobrevivencia de la especie o la necesidad
incontenible de reproducir, está muy arraigada en nosotros.** El
impulso de reproducir está conectado en nosotros por medio de
reacciones químicas en el cerebro y procesos hormonales en nuestro cuerpo. La atracción que sentimos hacia otras personas son
directamente relacionadas a una posible reproducción. Estos impulsos de reproducción están directamente vinculados al querer
sobrevivir. Los impulsos sexuales son producidos por hormonas
en la adolescencia y estos impulsos duran típicamente toda la vida
adulta. Al aprender tus características personales y tu etapa en la
vida juegan un rol en cómo se manejan estos impulsos y el comportamiento inapropiado puede provenir de no entender o controlar
tales impulsos. Finalmente, tenemos un impulso programado en
nuestra genética que satisface las necesidades de las primeras dos.
Es el impulso de hacer nuestra vida más fácil y más placentera.
Una vida más fácil hace que sobrevivamos y también incrementa
la posibilidad de reproducción. O se podría ver de ésta manera.

Para ser más preciso en estas tres verdades, todos estamos programados para sobrevivir, reproducir, y hacer nuestras vidas más
fáciles.

El grado de estos tres impulsos son tan fuertes en nosotros que
muy pocas personas comprenden realmente qué tanto de nuestro
comportamiento es motivado por estos estímulos. Por ahora, vamos a considerar solamente lo que nos motiva hacer la vida más
fácil. Piensa acerca de las cosas que ahora quieres. Un carro nuevo
o uno mejor puede hacer tu vida más fácil. Una casa nueva, ropa
nueva, y aparatos pueden parecer que te hagan la vida más fácil.
Y en este momento estamos en el borde de transformaciones en
cómo vivimos que casi son incomprensibles. Estos cambios ya están ocurriendo pero van a surgir con una rapidez que nadie de nosotros haya experimentado. Aquellos que tienen menos de 50 años
no solamente verán un mundo muy diferente del que tenemos—en
la actualidad es un hecho. Pero aún aquellos que tenemos más de
50 experimentamos cambios enormes. Como te adaptes o ajustes
a estos cambios, los peleas o los acoges, o tratas de ignorar lo que

está pasando en el mundo es parcialmente de lo que se trata este libro. Las personas tendrán más de lo que típicamente llamamos "tiempo libre" y la sociedad se enfrentará con preguntas existenciales y fundamentales que tengan que ver con la razón de vivir. Si estas conciente y tienes la habilidad de analizar situaciones probablemente ya te estés dando cuenta que las decisiones que enfrentes en el futuro tendrán un significado profundo. Nada de esto tiene el intento de provocar miedo. La intención es simple. Tienes la libertad de escoger cómo vas actuar en el nuevo y valiente mundo que se aproxima.

Libertad para Cambiar

Libertad para cambiar describe el verdadero poder que tienes el cual te permite controlar decisiones y acciones. Describe la esencia optimista de la condición humana, la cual se puede esconder por no tener esperanza, sentimientos de ser incompetente y la desesperación. No importa donde estés en tu vida, tu *puedes* cambiar. Tienes opciones—probablemente muchas más opciones de las que te hayas imaginado. A lo mejor te sientes atrapado en la vida: atrapado en un trabajo, atrapado en tus relaciones; atrapado por abuso de substancias; atrapado por las deudas y otras obligaciones; atrapado por tu pasado; atrapado por tu colonia; atrapado por la edad; atrapado por un cuerpo que tal vez, es menos de lo que tu desearías tener.

Pero realmente no estás atrapado por estas cuestiones. Estás atrapado por las creencias que te has formado en la vida y tus acciones al responder a ellas. A medida que ha pasado el tiempo, has permitido que estés atrapado y permaneces restringido por varias razones. Pero si de verdad quieres, puedes obtener tu libertad de esas restricciones. Tienes el poder de cambiar casi todo en la vida, si lo deseas. Tienes el poder de cambiar. Tienes el poder, y tienes opciones.

A veces nuestra libertad no es muy clara por otras personas y por nuestras circunstancias, pero muy seguido no podemos ver las opciones que tenemos porque permitimos que nuestras creencias se interpongan. Todos tenemos límites auténticos y la realidad del mundo que nos rodea también nos impone limitaciones a cada uno de nosotros. Hay límites presentes no importa en donde estés, no importa donde vayas, y no importa que haces. Pero tienes opciones y tienes el poder en cualquier situación. Y para enfrentarte con los cambios que vienen de cómo vivir, tienes que tener control de todo el poder que puedas. Decimos esto al principio porque cambios ya empiezan en la sociedad muy rápidamente, así que ajustarnos a la realidad es necesario para retener la libertad individual.

Las Cosas Están Cambiando Rápido

Casi todo en el mundo está evolucionando y cambiando rápidamente. Los "ídolos" en el medio y en la política están siendo expuestos y son desacreditados, y todo pasa en un sólo día. Cómo nos involucramos en las relaciones, las palabras y términos que son considerados apropiados o inapropiados, y nuestro comportamiento en las relaciones están siendo actualizadas tan rápidamente que muchas personas se sienten incómodas por su pasado y por el futuro. Pero eso no es todo. Lo que viene es una manera de vivir revolucionaria y muy inesperada. Y todo está pasando de repente.

Habrá más transformaciones en la sociedad y en el mundo de trabajo que nadie puede predecir con exactitud. Pero hay unas cosas que sí son casi seguras. El dinero, la moneda van a desaparecer gradualmente. Hay algunos negocios que ya no aceptan dinero en efectivo. Y las tarjetas de crédito van a empezar a desaparecer ya que la gente usa aparatos para transmitir información de pago en puntos de referencia. Ocurrirán más y más "violaciones a datos" personales poniendo en riesgo la identidad y las finanzas de uno. Esto ya ha estado pasando y solo se pondrá peor. Los avances en la tecnología van a causar cambios dramáticos y alteraciones en cómo opera el mundo de trabajo. Ya veremos que tan lejos irá pero muchos cambios llegarán muy rápido. Muy pronto, habrá más robots trabajando y quioscos de autoservicio que reemplazarán a trabajadores humanos. Los bancos no tendrán cajeros y solo podrás tener interacción con una pantalla. Pero muchas personas no irán al banco. Empleados de comida rápida van a disminuir dramáticamente porque la necesidad de cajeros y empleados que preparen la comida se va a reducir. Llegará el dí cuando podrás hacer tu pedido, pagar en una estación automática, y la comida será entregada por un aparato robotizado. Drones entregarán mercancía de varios tipos, más rápido, barato y más eficiente, reduciendo la necesidad de personal. Mercancía al por mayor será entregada en camionetas que se manejan solas. Las tiendas de abarrotes ya lanzaron compras en línea y entrega a domicilio o a tu vehiculo, y mucho de esto se hará por robótica. El uso de automóviles está cambiando ya que la tecnología de manejar sin chofer ha llegado y muchas personas están empezando a ver que a lo mejor no hay necesidad para autos personales. Se piensa que en unos veinte años solo vehículos totalmente autónomos serán permitidos en la mayoría de las carreteras públicas. Muchos de nosotros tenemos carros con capacidad de auto-manejo. Incluso trabajos de construcción ya se están haciendo roboticamente. Casas enteras, plomería y trabajo eléctrico ya empezaron a ser fabricados por medio impresoras de tercera dimensión en el 2015. Al estar escribiendo esto, hay tecnologías nuevas que verifican que los componentes eléctricos y de plomería pueden ser completados por tecnología de tercera dimensión.

Muy pronto podrás tener relaciones sexuales en un mundo virtual con quien quieras. Se verá, y se sentirá muy real. Podrás visitar cualquier parte del mundo o cualquier lugar en una realidad virtual y hacer todo lo que quieras en el confort de una sillón reclinable. Información y mala información ya está en nuestras manos. Noticias y hechos serán muy difícil de distinguir de anuncios y opiniones. Será aún más difícil para las personas distinguir que es real y no. La Sociedad se va a dividir en grupos de interés más y más pequeños. Esto será manejado, en parte, por la información que será recopilada por medio de programa de inteligencia artificial. Dicho programa es usado con intenciones de mercadotecnia para recopilar y analizar cantidades enormes de información para poder dirigir productos y servicios a los consumidores. El centro de tu interés forma el contenido que ves y básicamente reduce tus opciones de artículos, servicios o historias a las que el AI BOT (programa de computación con inteligencia artificial) cree que más te interesen. Ejemplos como éste pueden ser vistos actualmente en los anuncios de las páginas red que visitas on en tus redes sociales. Esta misma tecnología es usada por una variedad de grupos de interés especial y de otros que buscan tu atención por una u otra causa. Las redes sociales impulsan cambios instantáneos y sólo incrementará la influencia pues nuestra obsesión por los aparatos digitales ha incrementado a otros niveles. En lugar de llevar con nosotros un aparato eventualmente estaremos "conectados" a ellos.

Países se volverán muy diversos y las divisiones en la sociedad serán más evidentes. Quien sabe a dónde nos lleve todo esto. La respuesta en parte es que solo las compañías que tienen la tecnología en desarrollo saben a donde va, y aún ellos no están en control. La verdad es que la tecnología ha evolucionado al punto que ella se maneja sola. El futuro ya no es predecible. Estamos en un mundo cambiante, más aún que en el pasado reciente. Lo que es seguro es que las cosas continuarán cambiando y lo harán de manera drástica. Las cosas no se ajustan ni evolucionan gradualmente, se transforman de una a la otra en un momento. Y debes de esperar más de estos cambios espontáneos y repentinos. No tienes opción en poder controlar lo que pasará pero si tienes opciones en cómo reaccionas a ellos. Y reaccionarás de un modo u otro. Tu reacción puede ser el no hacer nada, pero esto también es una reacción. Está en tus manos las decisiones que tomes dependiendo en lo que crees y lo que has hecho en el pasado, o poner manos a la obra y hacer evaluaciones que te permitan tener más control sobre tu vida actual y futura. En resumen, todos estamos siendo manipulados. Y todos somos manipuladores. Puedes permitir este cambio que te arrastre como un tsunami, o puedes tomar un control consciente de tí mismo y de tu vida.

En este libro te invitamos a enfrentarte a ti mismo y a tu mundo. Es algo que necesitas hacer, porque la alternativa es quedarse atrás pensando en lo que pudo ser y preguntandote cómo estas en una vida que no escogiste. Pero no te preocupes, la realidad es que *todos están un poco atrasados* con los cambios repentinos que estamos experimentando. Nadie está arriba o enfrente de todo. Cuando hayas comprendido esa verdad, te darás cuenta que tienes poder sobre tu vida como cualquier otra persona. Eso nos lleva a éste momento, un momento donde puedes decidir cómo te ajustarás al mundo cambiante. Te invitamos a buscar en lo más profundo de tu ser y descubrir el poder innato que posees que te permitirá hacer cambios y descubrir tu camino verdadero en la vida. Presentaremos varias posibilidades y en el proceso puedes escoger lo que aplique a tí y haces lo que sea más conveniente. Te diremos que hay unas verdades básicas que son fundamentales para tener una vida feliz y satisfecha. Son unas verdades fundamentales que se han reconocido desde hace mucho. Te diremos que seas optimista acerca de tu futuro que seas realista acerca de tu presente, y que recuerdes que puedes cambiar algo o todo de ello. Todo es cuestión de opciones. Y no importa lo que hagas conscientemente, escogerás quieras o no.

CAPÍTULO 2

El Significado de la Vida

Uno de nosotros habló recientemente con un hombre que renunció a su empleo donde trabajaba como analista de sistemas de computación. El hombre dijo que el día antes que dejara su trabajo le preguntó a su jefe que si lo extrañaría. El supervisor le contestó algo que nunca habíamos escuchado. El le dijo, "Cuando te vayas, dejaras un hueco. El hueco será como el hoyo que deja tu mano cuando la sacas de una cubeta de agua". Fue una imagen mental muy desagradable que dió lugar a emociones muy contradictorias.

Después de unos momentos de silencio, preguntó que si era un insulto o que si era visto como un empleado problemático. El sonrió y solo dijo, "No". Les caía bien a sus compañeros y dijo que había sido un buen trabajador. Dijo de manera casual, "que se las arreglarían sin él y que se acostumbrarían rápidamente". No hubo duda alguna de cómo se sentía de todo esto.

Al discutirlo se llegó a una probable explicación. Todos en su sitio de trabajo estaban en las mismas. Todos estaban haciendo un trabajo que no tenía sentido ni un significado para ellos-más que el pago. El trabajo pagaba bien, pero no era importante para ellos. Sentían que lo que hacían no importaba en el esquema total. No estaban haciendo mucha diferencia en el mundo. El hombre dijo que cuando encontrara el próximo empleo esperaba el mismo tipo de trabajo, con las mismas funciones pero tal vez con más pago. Explicó que él era como un diente de un engranaje complejo girando que continuaría girando sin importar si el estuviera o no. Si se fuera, otro lo reemplazaría.

Hay un malestar común en nuestro mundo moderno. La gente se siente que no es importante y es insignificante. Empleados de servicio, empleados en las bandas transportadoras en empresas de manufactura, trabajadores de empaque y envío, empleados de tiendas, en construcción, y trabajadores de restaurantes rápidos, pueden estar en trabajos que son repetitivos y vistos como que no tienen mucha importancia. Es la misma rutina todos los días, aparentemente funciones que se hacen repetitivamente sin fin hechas desempeñadas solo por el pago. Muy pocas personas están en un empleo que harían gratuitamente. No hay mucha pasión en en el tiempo que empleamos en nuestro trabajo. Pero no ha sido siempre así porque las personas tenían que trabajar para sobrevivir y arreglárselas día a día. Recuerda que el objetivo primordial con el cual nacemos es sobrevivir.

El Pasado No Tan Lejano

Hubo una vez hace unos 100-200 años en el lugar donde estás ahora, no había internet o Wi-Fi. No había teléfonos, teléfonos celulares, ni aparatos eléctricos. No había carros ni aviones. Las personas caminaban o viajaban en caballo si es que corrían con suerte y tenían uno. Podrás entender lo importante que eran los caballos cuando sepas que te colgaban si te robabas uno. Las pocas tiendas que existían eran pequeñas, muy poca comida y estaban ubicadas en pueblos o ciudades. Salaban la carne en tiras y la secaban para conservarla. Todas las frutas y verduras eran de la huerta o comprada localmente, y eran disponibles sólo cuando era la temporada. Casi toda la ropa era hecha a mano. En aquel entonces el cuidado médico era muy escaso, y el cuidado dental era muy doloroso y primitivo. La mayoría de los baños estaban en letrinas de madera con uno o dos agujeros en la tierra. Usaban trapos, cáscaras de plantas, hojas o lo que hubiera a la mano para "limpiarse". El agua usualmente era de arroyos, manantiales, pozo cerca de la casa o si eras afortunado de una bomba de mano. Muchos niños murieron de enfermedades que se consideran hoy sólo como una molestia. Cosas como el agua contaminada, anginas infectadas, una simple cortada, o un hueso roto te podía matar porque antibióticos aún no se habían descubierto. No había ambulancias ni salas de emergencia. El promedio de vida era entre 30-40 años y la tercera parte de la población moría durante su niñez. El sobrevivir era el ímpetu dominante.

En ese pasado no tan lejano el carbón y la madera se usaban para calentar, cocinar y eventualmente producir motores de vapor. No había aire acondicionado. No había focos, se usaban velas o lámparas que usaban aceite de ballena o kerosene. Y todas esas condiciones eran la realidad de sólo hace unas generaciones. Así era para la mayoría de los Americanos rurales hasta la época de 1930.

La máquina de vapor fue inventada en 1803 y el primer carruaje de vapor llegó América en 1863. Papel higiénico llegó a estar disponible en 1857. Los primeros automóviles en América surgieron alrededor de 1900 y el primer avión voló más o menos en la misma fecha. Las cosas de verdad han cambiado y el cambio de ritmo se ha acelerado, más y más rápido.

Muy pocas personas recuerdan estas cosas, pero muy probablemente tus bisabuelos o sus padres estuvieron ahí. Los abuelos del primer autor manejaron un carruaje de caballos por las montañas de Pennsylvania en los años de 1900 vendiendo productos de lo que eventualmente se convirtió en *The Great Atlantic and Pacific Tea Company*. Así fue como *A&P* empezó que fue una de las tiendas más grandes y el inicio de supermercados. Iban en el vagón de granja en granja atravesando terracería en diferentes tipos de clima. La gente que vivía en estas áreas esperaban la conveniencia de tener ollas y sartenes, cerillos, aceite de carbón, kerosene, comida enlatada, sal ropa, y otras provisiones entregadas a su puerta. Obviamente las cosas han cambiado, pero aún nos gusta que nos lleven las cosas a domicilio.

El vagón que manejaba los abuelos de Greg Little.

En los años mil ochocientos y mil novecientos el mundo vió cambios dramáticos. ¿Quien en los años 1800's se iba a imaginar algo como el primer catálogo de *Sears & Roebuck* publicado en 1888 donde se podía comprar cualquier cosa y se enviaba directamente a tu casa o a una tienda? Eventualmente *Sears & Roebuck* vendía casas completas listas para ser construidas, carros, motocicletas y prácticamente cualquier artículo que necesitabas. Para 1993 el catálogo de Sears era obsoleto y hoy en día Sears es sólo el cascaron de lo que era. ¿Quien se iba a imaginar el auge de *WalMart* y el declive de centros en pequeños pueblos que un día eran el centro del comercio local? Y quién iba adivinar que *Walmart* sería desafiado con la aparición de gigantes de las ventas en línea.

Si tu consideras esto muy cuidadosamente, puedes ver como la historia se repite. Los negocios grandes de antes no vieron venir los cambios y estaban atrasados cuando llegaron dejándolos en desventaja.

Muy pocos de ustedes leyendo esto recuerdan que increíble fue cuando se introdujo la primera calculadora de mano en 1970. Probablemente no te acuerdes de la primera computadora de escritorio a final de los setenta o que asombroso fue la primera computadora con impresora en los años ochenta. Hablando de grabaciones de música y sonido, hemos pasado por cilindros de sonido, discos, grabadora de carretes, cassettes, compact discs, y ahora archivos digitales. Lo mismo se dice de la evolución del formato de los videos, de carrtetes a Beta a VHS a discos láser a DVD a Blu-ray a digital. Proveedores de cable de televisión, que creían que eran inmunes a cambios en el mercado, nunca vieron las alternativas que han transformado su negocio modelo. Todos se adaptaron ofreciendo servicio de internet y contenido al instante (on demand), pero eso indudablemente también cambiará. Si tuvieras el tiempo y el impulso, podrías traer contigo un archivo digital almacenado en una unidad del tamaño de tu meñique con cada libro publicado. Y ahora tenemos a la "nube" (cloud) para guardar todo nuestro contenido digital. Tal parece que es mucho cargar una unidad pequeña. Queremos acceso a todo—en todos lados y todo el tiempo instantáneamente. Bibliotecas consideradas una vez la sede de información para casi todos, se han disuelto a lo que se puede ver como museo o refugio para oprimidos.

En los años noventas la idea de un "vehículo auto-conducido" era considerado ridicula e imposible por la mayoría de las personas. Pero ya existen. Cuántos de nosotros hace unos años consideramos la posibilidad de poder entregar productos por medio de drones o control remoto. Más, muchos más cambios están en camino. La vida es muy diferente ahora que hace 50 años, o hace solo cinco. Si te puedes dar el lujo, puedes comprar lo que quieras y ser enviado a la puerta de tu casa. Si no te alcanza el dinero lo podrás cargarlo a tu tarjeta o pedir un préstamo. Muchas personas ya no llevan consigo dinero y otras personas ni siquiera traen sus tarjetas de crédito. En su lugar, pagan deslizando su teléfono u otro aparato. Probablemente puedes llamar a culquier persona en el mundo de cualquier lugar en el mundo usando una pequeña computadora de mano al que se le llama smart phone. Puedes ver a la persona mientras hablas con él o ella, y ahora también lo puedes hacer en una diminuta computadora disfrazada como reloj. Tu teléfono te habla, te guia en el camino, y contesta preguntas. Puedes mandar un video en vivo a cualquier hora y de cualquier parte. Puedes hablar con un aparato digital en tu casa y ordenar artículos, hacer reservaciones, contestar preguntas, decirte que hay en la televisión, decir chistes y más. Ahora puedes pasar tu tiempo despierto en un mundo "virtual" peleando en guerras, matar a sin fin de personas, robar carros, jugar con estrellas deportivas, o tener sexo en este mundo de fantasía—aparentemente sin consecuencias. Puedes tener contacto inmediato con "amigos" en cualquier momento y de donde sea. Hoy en día puedes confiar en que vivirás 45 años más que tus bisabuelos. Y tienes mucho tiempo libre. A comparación con el pasado, aunque tengas responsabilidades de familia y trabajo, tienes tiempo libre. En síntesis, el impulso básico de sobrevivencia ha decaído un poco porque es mucho más fácil sobrevivir. Tal parece que la sobrevivencia ya no es lo que era antes. Pero pues nada lo es.

Antes de que tuviéramos nuestras "comodidas modernas," la gente no tenía mucho tiempo libre, y usaban toda su energía en sobrevivir día a día. El propósito de su vida probablemente era más simple y mucho más claro. Tenían obligaciones familiares que incluía el sobrevivir: seguridad, comida, agua y refugio. Tenían que planear para el cambio de temporada, y cualquier tiempo que quedaba era dedicado a enseñar a los niños e intentar de hacer la vida un poco mejor. Hoy en día tenemos más "tiempo libre." La mayoría de adultos con empleos tienen 70 horas de tiempo libre por semana. Claro que el tiempo se llena con responsabilidades y deberes. Jóvenes y aquellos que no trabajan, o están retirados, tienen aún más "tiempo libre." Este tiempo es usado dependiendo de cada persona y cual es el propósito de su vida. En gran medida, el "propósito de la vida" es de lo que se trata este libro.

Jerarquía de Necesidades de Maslow

En el año 1943, el psicólogo Abraham Maslow propuso que los humanos pasan por una serie de etapas, y cada etapa se caracteriza por llenar una serie de necesidades. Esta teoría es basada en que esta serie progresiva de necesidades importantes motivan a los humanos en diferentes puntos de su vida. Es sorprendente cuantas teorías han adaptado las ideas de Maslow. Otros que vieron las ideas de Maslow como válidas e importantes presentaron su teoría como una pirámide con las necesidades más básicas en la parte inferior y llendose hacia arriba con más complejidad en la parte superior. La teoría de Maslow es considerada tener validez para individuos, organizaciones y negocios. Es vista en el mundo real como genuina y de aplicación práctica. Y en el mundo que surge de maneras inesperadas, estas ideas tienen más relevancia para nosotros.

Jerarquía de Necesidades de Maslow

Necesidades autocumplimiento

Necesidades psicologicas

Necesidades básicas

Auto-actualización: alcanzar nuestro potencial, incluyendo actividades creativas

Necesidades de Estima: prestigio y sentirse realizado

Pertenecer y necesidades de amor: relaciones íntimas, familia, amistades

Necesidades de seguridad: seguridad, albergue, protección, estabilidad financiera

Necesidades Fisiológicas: alimentación, agua, refugio, descanso

Necesidad de Supervivencia y Seguridad

En la parte inferior de la pirámide Maslow describe las necesidades más básicas que todo ser humano trata de satisfacer. Estas son necesidades básicas de supervivencia: alimentación, agua, refugio, y descanso. Poco más arriba de estas necesidades básicas están las necesidades de seguridad como el de albergue y seguridad. Albergue, seguridad y protección usualmente incluye seguridad financiera y de salud.

Se cree que la tercera parte de la población del mundo está estancada en estos dos niveles inferiores, luchando cada día para tener comida, agua y un lugar donde vivir esperando que les brinde seguridad. También se esfuerzan con cuestiones de salud y de finanzas. Países desarrollados y modernos, tienen una porción muy pequeña de su población esforzándose para alcanzar estas necesidades, pero en general, *la mayoría* de las personas en países desarrollados si logran satisfacer estas necesidades.

Un aspecto muy grande para muchas personas en todo el mundo es cómo satisfacer la necesidad de seguridad financiera y de salud. Es que aunque parezca que sí se haya alcanzado las necesidades básicas, viven con miedo de perderlo todo. Este miedo se puede usar como una táctica de manipulación. Toda clase de aseguranza, varios tipos de "coberturas" para carros (llantas, aparatos electrónicos, mantenimiento, etc.), seguro por si no puedes pagar tu tarjeta de crédito, cobertura para aparatos electrodomésticos, etc. se venden teniendo en mente el fundamento del nivel inferior de Maslow: el de seguridad. No te estamos diciendo que rechaces estas ofertas; solo queremos que estés consciente que todo se relaciona a seguridad y protección. Podemos ser manipulados por estas dos cuestiones básicas, y los políticos y vendedores lo saben. Pero hay muchas personas que viven al límite. Muchas personas tienen problemas financieros y de salud toda su vida, y esto incluye el nivel de cobertura de su seguro médico. Una encuesta reciente llevada a cabo por Careerbuilder.com (2017) dedujo que casi el 80 por ciento de Americanos viven de cheque en cheque. La misma encuesta reveló que casi el 60 por ciento de nosotros cree que nunca saldremos de deudas. Lo que esto quiere decir es que se relaciona a las teorías de necesidades de Maslow, y que muchos de nosotros apenas la hacemos y creemos que siempre estaremos luchando con la necesidad básica: de sobrevivencia y seguridad. De acuerdo a Maslow si éste es el nivel más bajo de las necesidades y no se puede satisfacer, será muy difícil encargarse de las necesidades de nivel superior.

Necesidad de Pertenecer y Autoestima

Arriba de las necesidades básicas de la jerarquía de Maslow hay dos tipos de necesidades psicológicas. La más fundamental de estas es la necesidad *de pertenecer y de amar*. Relaciones con amigos, familia, comunidad, compañeros de trabajo son los componentes críticos. El saber que uno pertenece y el sentir amor es parte de la necesidad de tener *autoestima*, un sentido de valor y de logro así como sentir respeto a nosotros mismos. En el mundo moderno, muchas personas alcanzan esta etapa y viven sus vida intentando mantener su autoestima y su valor personal. Es aquí donde se encuentran dificultades más frecuentes: interacciones con familia, amistades, compañeros de trabajo, relaciones amorosas, e intimidad. *Necesitamos que nos necesiten, y queremos ser importantes para otros*. Al pasar los años las personas satisfacen estas situaciones con la familia y amigos, pero cuando las personas pasan a la tercera edad su círculo de amistades y familia puede y es muy probable que disminuya. Si vives muchos años tus amigos ya no estarán. Las personas se sienten cada día menos, y menos importantes y su autoestima baja. Los logros en la vida pueden y van a disminuir en importancia y relevancia al pasar el tiempo. Hay muchas personas que creen que no deberíamos de vivir en el pasado—aún si hubo muchos logros o no. Aquí hay un ejemplo:

En 2003 la Universidad de Alabama Press publicó un libro titulado: *Ninety-Nine Iron* (Wendell Givens). Este libro trata de un equipo Universitario de fútbol Americano que en el 2012 fue ganador del título *El Mejor Equipo de Fútbol Americano en la Historia por el Salón de la Fama de Futbol*. La escuela fue uno de los participantes que inició la Conferencia del Sureste. El equipo ganó 12-0 y derrotó a 12 de sus adversarios con una puntuación sorprendente de 322-10. Once de sus victorias fueron porque el otro equipo no realizó ningún touchdown. Entre otros, el equipo le gano a Tennessee, Texas, Georgia, Georgia Tech, Texas A&M, Mississippi, Auburn y a Louisiana State University por lo que todos eran equipos muy eficientes. Muy pocas personas que están leyendo esto han oído hablar de éste equipo, era el equipo *Sewanee* de fútbol en 1899 de *The University of the South* (Universidad del Sur). En medio de la temporada *jugaron 5 juegos en varios lugares en solo 6 días*, viajando miles de millas por tren a juegos en Texas, Louisiana y Mississipi. Todos estos juegos en otras partes fueron ganados ya que el equipo contrincante no logro touchdowns. Fue un logro incomprensible que nunca será igualado. Si eres fan de fútbol, sabemos lo que estás pensando. Sólo espera unos momentos.

En el *prólogo* del libro de Givens, relata que muy brevemente visitó al corredor rápido (halfback) y al capitán del equipo Sewanee en 1899, Henry "Diddy" Seibels en 1952. En ese tiempo Givens sólo estaba recopilando información para un artículo para el periódico. Diddy Seibels entonces era socio mayoritario en una agencia de seguros y Givens lo describe como una persona callada, amigable y educada. Seibels le dió a Givens (el reportero visitante) mucha información escrita y se regresó a trabajar sin haber recordado viejas historias o hablado de los éxitos del equipo. Décadas después, al escribir su libro en 2003, Givens lamentó el no haber pasado tiempo con Seibels en 1952. Givens pudo hablar con los dos hijos sobrevivientes de Seibel y le dijeron que su papá no hablaba del glorioso pasado y que muy a menudo decía que "uno no debe de vivir de la gloria del pasado" (página 8). El libro de Givens describe también lo que los miembros del equipo atribuyen al motor de su éxito. Era el sentido de pertenecer con otros, el estar conectado con algo más grande que con un individuo, la devoción de unos a otros, y devoción a una causa. Básicamente es exactamente lo que Maslow describe como una necesidad psicológica muy profunda: un sentido de pertenecer y autoestima.

Claro que la lección en esto no se trata de fútbol. En parte se trata del paso del tiempo, los cambios que hay en todo, y confiar o apoyarse en logros del pasado. El juego de fútbol ha definitivamente cambiado drásticamente. Y los logros de ese equipo de

1899 los conocen sólo muy pocas personas y muy probablemente son degradados por ideas y creencias modernas del fútbol. Piensa en eso por un momento.

Si eres un fan del fútbol, probablemente descartes los logros de ese équipo de 1899 porque "el juego ha cambiado". Y si que ha cambiado. Hay algo que el tiempo hace. Las cosas cambian y el pasado se deteriora. Seibels y los miembros del equipo iniciaron carreras en otras áreas, incluyendo leyes y medicina, hasta que todos, inevitablemente pasaron a ser sólo un recuerdo en la historia universitaria. Pero también mostraron que la autoestima y el sentido de pertenecer no termina con lograr algo o participar con otros. Es un trayecto de toda la vida que puede llegar a niveles más altos. Se trata del significado de la vida y lograr algo más grande: esforzarnos hacer mejor de lo que suponemos que somos. Y eso es lo que nos lleva a los niveles más altos de Maslow.

Autorrealización

En la parte superior de la jerarquía de necesidades está la *Autorrealización*. Autorrealización ha formado la base de incontables movimientos de potencial humano que iniciaron en los años de los sesenta y continúan hasta hoy. Autorrealización es el núcleo, el saber de que cualquier individuo puede convertirse en la mejor persona que él o ella puede ser. Quiere decir que éste individuo ha alcanzado su potencial. Es un objetivo elevado. Más tarde en su vida, Maslow agregó una etapa superior que le llamó *Autotrascendencia*. Es algo similar a la etapa más alta de moralidad que fue propuesta por el psicólogo Lawrence Kohlberg. Es una creencia que hay principios universales de ética basado en la idea de justicia e imparcialidad. Esencialmente, autotrascendencia implica que la persona ha satisfecho todos los niveles "básicos" de necesidades y da más enfoque al bienestar de los demás.

Mientras muchos grupos y programas se enfocan en autotrascendencia e impulsan a participantes de convertirse en lo mejor que pueden ser, muchos de estos programas brincan muchos de los aspectos clave. Hay partes del proceso muy importantes que no deberían ser descartadas o pasar por alto. Para muchas personas, alcanzar su potencial más alto no sólo es difícil pero casi imposible cuando las circunstancias de su vida se toman en cuenta. Hay muchos obstáculos en el camino de la vida moderna que seguimos: cuentas por pagar, responsabilidades de familia, responsabilidades de tener una casa, oportunidades limitadas de empleo, costos excesivos de educación, la colonia en que se vive y el envejecer, son solo algunas cosas que se interponen en el camino. Las cosas cambian y el ajustarse a estos cambios puede consumir todo el tiempo y el esfuerzo de una persona.

La gente necesita una manera de hacer ajustes inteligentes y hacer cambios necesarios cuando se enfrentan a periodos de transición y decisiones. Y necesitan una manera de identificar y de afrontar situaciones que les ha hecho estancarse en lugares que quisieran no estar. Necesitan tener una manera efectiva de elegir y ver cómo les va con estas opciones. Estas son unas de las cosas que esperamos proveer aquí. Necesitas tener una manera de organizar las cosas, evaluarlas, hacer un plan realista, y encontrar la motivación de hacer lo que se necesita. Sin embargo, no solo estamos hablando de llegar algún lugar en la vida. Donde te encuentres en la vida importa, pero lo que más importa es *cómo* llegas.

Lo que la última oración en el párrafo anterior quiere decir es que no solo queremos proveer algunas técnicas y métodos útiles que cambiarán tu vida, pero queremos sugerir lo que consideramos ser principios básicos y simples de *cómo* vivir la vida. En breve, quiere decir que creemos que con *la mayoría* de asuntos y situaciones en la vida, hay un bien o un mal muy claro. Hay ciertas formas de vivir y de comportarse que no sólo son más satisfechas a la larga, pero son también opciones más justas y correctas. Esta afirmación no es aceptada por el movimiento potencial humano o prefiere ignorar. Muy seguido afirman que "bien y mal" no existe. Pero creemos que esto es un poco equivocado. Si no estás de acuerdo con la afirmación que "bien y mal" no existe, entonces estas diciendo que estamos "mal". Piensalo.

Aquí te mostramos un ejemplo de nuestra afirmación que hay ciertas manera básicas de vivir que te llevan a mejores resultados. Un conjunto de estudios científicos, que discutiremos después, muestran que la felicidad está relacionada a la salúd. Emociones positivas y aceptables están vinculadas a la felicidad y también al estar bien de salud. Además una área que está surgiendo llamada "psicología positiva" dice que hay ciertos comportamientos y características personales que llevan a la felicidad. Unas de ellas son el desarrollar relaciones saludables, estar consciente del presente, hacer ejercicio, y otras. Incluso el famoso billonario Warren Buffet ha expresado su opinión en lo que llamamos "bien y mal". En su consejo citado a los jóvenes (Elkins, 2017, Schwantes, 2018) el relata constantemente que "la honestidad vale la pena" y que "el ser una persona buena y decente usualmente te lleva a tener éxito en los negocios". La honestidad puede ser fundamental en ser felíz y tener éxito. Esencialmente afirmamos que el ser honesto es muy a menudo la mejor decisión. El tener relaciones sanas, tomar conciencia y expresar emociones positivas son las mejores opciones. Warren Buffett ha hablado muy frecuentemente de encontrar tu propósito en el trabajo que haces. Ha declarado que "cuando estés en el mundo real, busca un trabajo que aceptarías si no necesitaras el dinero" (McQueeney, 2017). Claro, es consejo que se da muy fácilmente y muy a menudo es difícil de seguir. Pero sigue siendo buen consejo. Pero no contesta la preguntas más grandes: ¿Cuál es el propósito de nuestras vidas? ¿Por qué existimos?

Hay una idea acerca de nuestro propósito en esta vida y a veces se expresa en hacer lo que debemos para ser la mejor persona que podamos—tomando en cuenta todas tus características personales y habilidades. Básicamente quiere decir que vivas tu vida de manera que exprese que y quien de verdad eres. Agregamos a esta idea que se presentan situaciones cada día permitiéndonos escoger que demuestran la esencia de nuestro carácter. Esto es lo que es autotrascendencia.

¿Cual es el Significado de la Vida?

Antes de que terminemos este capítulo queremos intentar contestar una pregunta importante. Tal vez para ser más específicos queremos hacer un intento insensato al contestar. Es una pregunta que todos hemos hecho en una ocasión: ¿Qué es el significado de la vida?

Hay muchas respuestas flotando por ahí. Y muchas de ellas datan desde el principio de la humanidad cuando nuestros primitivos antepasados veían hacía el cielo de la noche y se preguntaban "¿Porqué estoy aquí, de donde vine, de que se trata esto?" Algunos sistemas de auto-ayuda que derivan de las ideas de autorrealización comentarán que no hay sentido en la vida. Estamos aquí porque estamos aquí, nada más. "La vida es un juego" dicen otros. Unos dicen que es un juego de ganadores y perdedores" y dan estrategias y métodos para poder competir con los demás para que seas uno de los ganadores. Otros proponen que la vida es como un juego de golf, un juego donde haces lo mejor que puedes—siguiendo las reglas. Ideas religiosas acerca de la vida abundan, y dependiendo de tu religión preferida, la vida es estar cerca de Dios o un poder superior. Unos dicen que el propósito de la vida es hacer la voluntad de Dios. Otros dicen que la vida es una manera de conectarse con un propósito más grande o tener consciencia cósmica. Hay muchas otras ideas, claro, incluyendo una que dice que la vida es una realidad evolucionaria y que no tienen ningún significado intrínseco: Estamos vivos hasta que no lo estamos, y ya.

Nosotros tenemos una respuesta diferente. No es necesariamente la correcta pero es una idea que funciona. Es pragmática. Y es muy simple: Aquí está: *El significado de la vida es lo que quieras que sea. Tú determinas tu significado en la vida.* Lo puedes hacer religioso, espiritual, un juego, o cualquier otra cosa. Depende de tí. Para algunas personas es tener poder, dinero, sexo, o solamente el disfrutar de todo—divirtiéndote lo más que puedas. Otros creen que es su familia, sus creencias religiosas o siguiendo una causa en especial. Hay personas que ven el significado de la vida como una lucha continua que sólo termina cuando ya no existen. Cualquier significado que le des a la vida depende de tí. Es tu decisión. Nosotros creemos que hay unos principios y valores importantes que personas exitosas se adhieren, pero depende de tí si decides si éstas son para tí. Daremos estas ideas en unos capítulos siguientes. Pero debes entender que depende de tí, y ha sido así por mucho tiempo.

Si pudieras observar lo que una persona hace en un período extenso, probablemente te darás una idea de lo que esa persona piensa de lo que es el significado en su vida. ¿Viendo lo que una persona hace, tendrás una idea de lo que esta persona valora y cree, verdad? Un ejemplo que tristemente hemos observado es que unas personas parecen que sólo viven para alcanzar el retiro. Viven día a día usando una cuenta regresiva, marcando cuantos años o días tienen que trabajar. Viven día a día para llegar a un lugar en el futuro que en su imaginación, es mejor. Pero hay muchas cosas que podemos mencionar. Por ejemplo, vamos a imaginarnos que observas lo que ha hecho un productor de películas hipotéticas por décadas. Vamos a suponer que lo observas haciendo mucho dinero, ejerciendo mucho poder en decisiones de negocios importantes que afectan muchas personas, y demandando de manera regular—e imponiendo—favores sexuales de posibles actrices para las películas. Luego ves que todo se niega, afirmando que nada de eso pasó. ¿Asumiendo que ésta persona cometió todos esos abusos, cual será el significado de vida para esta persona? Podemos comentar más de este ejemplo, pero el punto es que no importa que es lo que dice una persona que el significado de la vida es para él/ella, la verdad genuina se muestra por lo que esa persona hace constantemente. Claro que el ver sólo una porción de la vida de una persona en particular no nos daría una idea real de esta persona. Hay diferentes fases en la vida donde las cosas disminuyen en importancia y otras pasan a primer plano. Eso es parte de lo que se trata la teoría de Maslow. Progresamos a través de etapas en la vida donde algunas cosas pierden importancia mientras que otras se vuelven más importantes. Piensalo desde éste punto. Cuando tenías 8 años el significado de tu vida era diferente que cuando tenías 18. Y muy probablemente será muy diferente si tienes hijos. Cambiará cuando te retires y probablemente cambiará cuando tengas 90, y así sucesivamente. Pero cómo vives tu vida refleja tus creencias de cómo crees que es la vida, por lo menos en un momento particular.

Buscando Ser Algo Mejor de lo que Somos

Vamos agregar una idea importante. Al trabajar por décadas con toda clase de personas, hemos llegado a concluir acerca de un motivo el cual la mayoría de la gente esconde muy dentro de sí mismos. *Creemos que la mayoría de la gente busca ser algo más grande y mejor de lo que piensan que son.* Casi todos en determinado punto de su vida, quieren hacer una diferencia en el mundo. Todos somos capaces de ser nobles y hacer lo que es correcto. Queremos ser héroes, no mártires. Todos somos capaces de ser nobles y ser redimidos. No queremos ser normales. Todos queremos ser valorados. La pregunta es de cómo vamos hacer una diferencia es el punto crítico.

El motivo noble y el deseo de convertirnos en "algo grandioso" puede que se distorsione en algunas personas hasta que todo lo que quede es el deseo de ser famosos. Ejemplo de esto son los asesinatos masivos, "personas que quieren destacar" y gente que hace cosas escandalosas. You Tube muestra personas exhibiendo cosas con la esperanza que su video circule en la red. Considera la promoción de "programas reality en la televisión" que son famosos y el efecto que tienen en la cultura moderna. Pregunta a los adolescentes de secundaria que quieren ser cuando sean grandes y la respuesta más frecuente es "Quiero ser Famoso". Muy rara vez dicen como quieren alcanzar la fama porque no importa. La fama parece que es la única recompensa.

Volviendo a Maslow

Lo esencial de la teoría de Maslow es doble. Los niveles con las necesidades básicas se refieren a seguridad, protección, y procreación. En el mundo moderno, estos aspectos son típicamente resueltos al tener trabajo, dinero, familia y relaciones. Hay muchas cosas que una persona puede hacer para asegurarse que la seguridad, protección y procreación se lleven a cabo incluyendo: tener una educación, seguir una trayectoria profesional, desarrollar habilidades, manejar las finanzas y hacer todo para atraer relaciones benéficas y mantenerlas. Todo esto importa, sin embargo, es importante recordar los tres factores de la naturaleza humana que fueron mencionados al inicio de éste capítulo. Tenemos impulsos dentro de nosotros para sobrevivir, reproducir y hacer la vida más fácil. Todos estos impulsos se encuentran en las necesidades básicas de la jerarquía de Maslow. La segunda parte de la teoría y probablemente la más relevante viene después de que las necesidades básicas se cumplen.

En conclusión, lo que queremos que recuerdes de éste capítulo son un un par de puntos claves. Todos buscamos las necesidades básicas de la vida: comida, agua, refugio, seguridad. Hay algunas personas que se congelan pensando que nunca tendrán suficiente seguridad (dinero y objetos materiales). Pero la mayoría de las personas en el mundo moderno si alcanzan este nivel, y muchos de ellos no tuvieron que hacer mucho para lograrlo. Sin embargo, ya que las necesidades básicas se cumplen, la gente se esfuerza por tener varias necesidades psicológicas importantes: Desarrollar relaciones significativas, y tener un sentido de autoestima. Finalmente buscamos ser algo grandioso. No muchas personas llegan a esa parte final—pero quieren.

CAPÍTULO 3

Dos Reglas Simples

Al estar escribiendo este libro, un vecino platicaba con uno de nosotros. Ella se involucraba mucho con la asociación de vecinos ayudándoles a poner un *Neighborhood Watch* (Vigilancia entre Vecinos) para poder comentar y expresar sus inquietudes. En una de sus redes sociales habían unos comentarios hechos por varias personas acerca de crimen, asuntos de la asociación, y de eventos locales. Gradualmente unas cuantas personas se dividieron y se convirtieron en personas amargadas. Muchos de sus comentarios eran de aspecto altamente político y criticaban a cualquiera que creían que no estaba de acuerdo con ellos. Algunos se quejaron de que unos vecinos borraron comentarios de índole abusivo o indignante, el cual era su responsabilidad como administrador de éste sitio. Por un tiempo, los comentarios se convirtieron en resentimientos y ella luchaba con el problema intentando balancear la justicia, actitud receptiva, libertad de expresión y otros asuntos que consideraba de valor importante. Las personas se dividían cada vez más, precisamente lo contrario de lo que ella quería. Las preocupaciones la frustraban y se esforzaba para poder controlarlas. No sabía que hacer. ¿Qué le recomendarías hacer?

La Primera Regla al Tomar una Decisión-No hacer Daño

Aquellos que estamos en profesiones de ayudar aprendimos el principio derivado de la medicina. De una manera, es una regla establecida en todas las profesiones que ayudan. Hay una pequeña controversia en la comunidad médica (Cooper 2013; Hardy, 2006;

Herbert & Sageman, 2008; Webster, 2017), pero nos enfocaremos en la forma más sencilla y común. Es ésta: Primero, no hagas daño. No hagas daño. Es más fácil decirlo que lograrlo. Hay algunos en la profesión de ayuda que dicen que "No hagas daño" es una buena idea que siempre tenemos que seguir, pero no siempre es muy clara en ciertas situaciones. En la mayoría de las situaciones es obvio que es lo que puede causar daño, pero ciertamente no en todas las circunstancias. En terapia, terapeutas a veces se frenan en decir precisamente lo que están pensando porque no están seguros de cómo se recibirá el comentario. Lo que implica es que el terapeuta no está seguro si puede ayudar al paciente o hacerle daño con los comentarios. En realidad, esto siempre pasa. Por años el primer autor trabajó con un psiquiatra que dudaba cómo responder a las preguntas de los pacientes acerca de medicamentos que les habían recetado. Pero lo más relevante son las situaciones de la vida real que enfrentamos fuera de la medicina o terapia. Por ejemplo, digamos que eres un supervisor y un empleado modelo con antigüedad de 10 años que te cae muy bien y el cual respetas, no está trabajando bien. Sospechas que su trabajo está siendo afectado por unos analgésicos que toma por una cirugía de rodilla que tuvo el año pasado. Desde entonces has notado que su ética de trabajo ha bajado. Llega tarde algunos días, hay correos electrónicos con errores, y no produce la cantidad de trabajo que tiene que hacer durante el día. Le has preguntado si todo está bien porque has notado estas cosas y sugerido que contacte al Employee Assistance Program (Programa de Asistencia al Empleado). Sólo responde que todo está bien, que él sabe que puede hacer un mejor trabajo y que no te defraudará. Pero su trabajo ha declinado durante el mes y has notado que algunos días habla más despacio y parece que se mueve de manera más lenta. ¿Cómo manejas esto?

Parece que no quiere enfrentarse a una adicción a las pastillas analgésicas y no hace nada para mejorar su trabajo. Si comentas acerca de lo mal que escribe, irá a su archivo en Recursos Humanos; y tendrás que monitorear su escritura y puede llegar a un despido. Si lo despiden perderá el seguro médico y muy probablemente se le dificultará poder pagar sus terapias. Pero si no haces nada y lo encubres, no es justo para tus otros empleados que llegan a tiempo, trabajan duro todo el día, y hacen más trabajo cuando ese empleado no pone de su parte. Además, al no hacer nada, puedes estar creando oportunidad para crear más daño. ¿Intentas hablar con él otra vez? ¿Cuánto tiempo esperas después de que hablaste con él para intentar algo más? Tratando el asunto por escrito lo motivará a buscar ayuda que necesita? Y si no lo hace? ¿Como "no haces daño" en esta situación? La verdad es que la vida puede ser estresante con estos dilemas.

La vida es complicada y unas situaciones muy problemáticas pueden surgir de las situaciones menos esperadas. Cada día enfrentamos un sin número de pequeñas y grandes decisiones. Probablemente algunas circunstancias que has observado en la vida te han puesto a prueba. ¿Por ejemplo, si ves a un padre gritándole a una criatura y jalandolo del brazo, dirías algo? ¿Pudieran tus palabras causar que regañe a la criatura aún más severamente? ¿Tus palabras harían daño a la criatura o a tí? Hay muchos más ejemplos. ¿Permites a tus hijos ver televisión? ¿Cuanto tiempo la pueden ver? ¿Ellos escogen los programas? ¿Les permites jugar con sus videos? ¿Que juegos? ¿Que clase de comida y bebidas escoges para ti y para otros? ¿Si ayudas a una persona, deprives a otra? Hay muchos más ejemplos que pudiéramos mencionar pero te das una idea de cómo las cosas pueden ser complicadas. De todos modos, creemos que "el no hacer daño" es un principio de seguir para todos, no solo para personas en las profesiones de ayuda. Todos nosotros tenemos que descifrar qué es lo que significa para nosotros. *El usar "no hacer daño" es un punto de partida para tomar decisiones, pero no lo suficiente.*

La Segunda Regla: Haz lo Mejor que Puedas

Mientras que algunas personas batallan con la primera regla citada, la segunda regla se menciona muy raramente y puede ayudar a tomar decisiones en situaciones problemáticas o al tener que elegir. No sabemos quién lo dijo primero, pero el primer autor lo ha enseñado en clases de ética en la Universidad y al entrenar profesionistas que brindan tratamiento. Es una manera de alentar alguien para que haga lo mejor que pueda en cierta circunstancia.

Theodore Roosevelt lo citó de cierta forma en su autobiografía en 1913. Mencionó al señor Bill Widener como el originario de lo siguiente. La regla de Roosevelt es simple: "Haz lo que puedas, con lo que tienes, donde estés".

Quiere decir que tenemos que aspirar hacer lo mejor que podemos con los recursos disponibles en cualquier situación. A veces quiere decir que puedes usar una pluma y papel para tomar apuntes cuando tu aparato electrónico no está a la mano. Puede significar que permites que tus hijos vean más televisión que lo usual cuando necesites que estén ocupados. Tal vez quiera decir que sonrías y digas una palabra generosa al padre entretenido con su hijo. Puede significar ir a las escuelas que son convenientes y económicas, y buscar un empleo que pague lo suficiente y que es accessible. Donde vives, tu origen, y a quién conoces, tienen que ver al tomar decisiones como estas. Así que haces lo mejor que puedes, usando los recursos que están disponibles, tomando en cuenta tu ubicación y situación. Si lo que necesitas no está disponible donde estas te puedes cambiar si es posible. En resumen a veces tienes que ir donde se encuentran los recursos disponibles.

Hacer lo mejor que puedes quiere decir eso. No implica que tiene que ser perfecto. Ni tampoco que tienes que agotarte. No quiere decir cambiar todo, aunque es algo que vamos a discutir. Quiere decir el ver las situaciones y circunstancias, evaluarlas, hacer una evaluación realista de tus creencias, tomando decisiones fundamentadas y luego hacer lo que decidiste. Si no funciona, repites el proceso hasta que alcances el resultado satisfactorio. Pero una cosa que se interpone cuando una persona quiere hacer lo mejor que él o ella puede, es que la persona se enfoca en lo que no está disponible en la situación, en lugar de enfocarse con lo que si hay. Usa los talentos, conocimientos y herramientas que están accesibles inmediatamente para hacer lo mejor que puedas en *ese momento*.

Lamentando Lo que no Es

Muchos de nosotros nos afligimos por lo que no existe. Nos quejamos de que no hay dinero, tiempo o no somos guapos (as) para hacer o tener algo, o atraer algo que queremos. Muchas personas ven la vidas de los demás y quieren lo que ellos tienen. Vemos a personas que nacieron ricas, que son atractivos, que tienen buena salud, buenos trabajos, buenas carreras, buena esposo (a), una casa bonita, un carro nuevo, o lo que sea. Todo éste anhelo, lamento, o el querer sólo sirve si te motiva. Una de las cosas que vamos a insistir una y otra vez es una simple verdad acerca del control. *Hay sólo una, y una sóla cosa que puedes controlar en tu vida. Puedes controlar lo que tú haces en cualquier momento.* Lo que haces cada momento tiene consecuencias en las situaciones que enfrentarás en el futuro. Podrás querer muchas cosas en la vida, pero depende de tí hacer lo que tienes que hacer para que te lleven a ella. Tienes la capacidad de hacer que cosas pasen para tí y no de que te pasen cosas.

Eres una Creación—No Sólo una Compilación

En una manera muy real, quien eres hoy, todas las cosas en tu vida, y lo que haces en tu vida, son consecuencias de todo lo que has hecho previamente. De modo impreciso, cada una de nuestras vidas es una compilación de eventos. Pero no es todo causa y efecto. Ni la vida sólo una acumulación de experiencias. "Tú" cualquiera que sea la definición de "tú" en éste momento, es una creación. Tú te creaste a ti mismo a través de tomar muchas decisiones, muchas de las cuales no pensaste mucho cuando las elegiste. Sin embargo, muchos de nosotros nos vemos a nosotros mismos como un curriculum de experiencias, logros, y talentos. Recopilamos una lista de experiencias laborales, nuestra educación, nuestras habilidades, premios y logros. Presentamos esta lista como un panorama de quien y como somos. Este panorama es un paso necesario en el proceso para aplicar a un empleo, y en resumen presenta las cosas que has hecho. Pero no revela con exactitud quién y qué eres. ¿Entonces, quién y qué eres?

Como lo mencionamos, eres una *creación* más que una compilación. A través de tu vida, te has creado basado en atributos y habilidades que se te han dado, y las elecciones que has tomado al enfrentar muchas oportunidades y situaciones. ¿Recuerdas la segunda regla? *Haz lo mejor que puedas con los recursos disponibles en cada situación.* Cada decisión que has hecho se amolda o no a esta regla. Todo lo que creíste de tí y del mundo es una creación hecha de un sin número de eventos que has experimentado. Todo se llevó a cabo por medio de interacciones continuas entre tus cualidades innatas que te fueron concedidas por genética combinado con tus experiencias que has aprendido; observar, estar, y al relacionandote con otras personas y las elecciones y acciones que tomaste. En esencia tú te creaste a ti mismo cómo te ves hoy. Creaste el sentido de tí misma—tu identidad. Lo que de verdad quiere decir es que tienes la habilidad de cambiar, si deveras quieres.

Si ves a tu vida como una compilación de eventos y recuerdos, te quedas estancado donde estas—o estancado en el camino de la vida que has creado para tí. Viéndote a tí mismo sólo como una acumulación de experiencias significa que los cambios deberán ser pequeños y acumulativos. Si decides verlo de esta manera, puedes hacerlo. Pero una creación puede cambiar instantáneamente. Lo mejor de ser una "creación" es que puede cambiar un poco o mucho y de manera rápida tomando decisiones de una manera consciente. Una creación se puede transformar algo diferente—hasta cierto punto—claro si es que esto es decidido. Por otro lado, si sólo ves tu vida como una compilación todo lo que puedes hacer es acumular algo más en el montón de logros, experiencias, y eventos en tu vida. Entendiendo la libertad que viene al ver la vida como una creación es una revelación. Una creación se puede recrear instantáneamente si decide hacerlo. Mínimo puedes empezar el proceso de recrearte a tí mismo.

Un Ejemplo Simple

Muy probablemente te vistes de cierta manera—a tu estilo. Al pasar el tiempo has tomado decisiones acerca del tipo de vestimenta que te pones, y la ropa que has acumulado en tus cajones y closet reflejan estas decisiones. Vestirte de cierta manera se vuelve un hábito tan natural en nuestro comportamiento que la mayoría de la gente no se da cuenta. Es que como te vistes es un proceso inconsciente. Una manera diferente de ver todo esto es que al pasar el tiempo has gradualmente reducido tus opciones de vestimenta y te pondrás ciertas prendas para ciertas actividades específicas y en ciertos días de la semana. Has limitado tus opciones a ciertas posibilidades. Claro que es algo necesario y apropiado de hacer. Pero en lugar de dejar que este proceso ocurra a través de hábito y procesos inconscientes, es inteligente elegir la ropa que te pondrás de manera consciente.

Hay un viejo refrán que es algo sexista así que lo cambiaremos un poco "La ropa hace al hombre/mujer/persona". Fue citado por Shakespeare y fue escrito anteriormente en Griego. Actualmente dicen "vestirse para el éxito" y "la apariencia cuenta". Psicología lo llama "impresionando a la gerencia" (impression management). Te vistes de cierta manera para dar una impresión que intenta hacer una declaración o para impresionar a los demás. Puede comunicar algo deportivo, tendencias a los negocios, ser profesional, casual o lo que sea. Sin embargo, no importa lo que te pongas, lo que eliges causa impresión. Y esa impresión no sólo tiene un efecto en los demás, te afecta a tí—y lo que piensas y sientes de tí mismo.

Para hacer relevancia a este tema queremos mencionar unos ejemplos exagerados. ¿Si te vistes de manera "desarreglada" y cómoda, que impresión das a otras personas? (recuerda que en el capítulo anterior mencionamos que una cosa que nos motiva es hacer nuestra vida más fácil. Si vas a una entrevista desarreglado o casual esto da una impresión). Vayamos un poco más lejos. Sin duda has visto a personas en la calle que creías que eran vagabundo o que tenían trastornos mentales. Muy ciertamente la manera que estaban vestidos tuvo algo que ver con tu evaluación. Si quieres entender como este ejemplo exagerado se relaciona al "impresionar a la gerencia" has un experimento. Encuentra la ropa más vieja, chamagosa y sucia. Ponte unos abrigos, un sombrero usado, y unos pantalones sucios. Camina entre la gente y ve cómo te tratan. También presta atención a cómo te ve la gente. Si eres valiente, entra a una tienda. Creemos que no harás esto porque tienes una muy buena idea de como te verá la gente y como te puede tratar.

Por otro lado puedes intentar hacer lo contrario. Vístete con un elegante traje de negocios o un vestido bonito y observa cómo otras personas interactúan contigo. Probablemente ya entendiste lo que queremos decir, pero lo que queremos que veas es que la manera de como te vistes y la impresión que das a los demás es una creación—la cual se determina a través de las opciones que eliges. Así que intentemos ver esto en otra perspectiva más ligera. Puedes hacer tu "impresión a la gerencia" basada en decisiones conscientes o puedes permitirte seguir hábitos inconscientes que ya has establecido por años. Todo depende de tí.

Puedes crear instantáneamente una persona diferente cambiando la manera como te vistes y cambiando tu apariencia. La ropa es un ejemplo simple de como nos creamos nosotros mismos pero hay otras muchas cosas que aplican. También puedes crear un nuevo "tú" cambiando tus actitudes y comportamientos en tu vida laboral de manera—inmediata. Si te quejas mucho en el trabajo encargate de esto de manera directa y diferente. Como hablas, las palabras que usas, la manera que dices las cosas y cómo tratas a los demás, crea una impresión. Todas son creaciones de quien eres y como te perciben los demás. Sólo aplica las dos reglas a las decisiones que tomas y considera "'no hacer daño" y "hacer lo mejor que puedas con los recursos disponibles en cada situación." Depende de tí. Estos son ejemplos muy simples pero la realidad es que los principios pueden ser aplicados a muchas otras areas de tu vida. Estas constantemente involucrado en tu creación. Es sabio el ver tu vida de esta manera, te dará sentido de estar en control.

Aburrimiento

El aburrimiento se ha convertido en un problema muy grande hoy en día por muchas razones. Una razón es que no tenemos que pasar el tiempo obteniendo seguridad y protección. Tenemos mucho tiempo libre. Las razones por el cual se crea aburrimiento no importa. Lo que si importa es que si estas aburrido, es probablemente porque tu lo has creado. Decimos esto porque tienes la capacidad de cambiar. Tienes el poder de recrear que es lo que haces en la vida. Hagamos un ejercicio corto para que te ayudemos al explicarte este concepto. Queremos que hagas dos listas, y regresaremos a esto en un momento. Primero has una lista de 10 lugares en tu ciudad, condado o región que nuncas has visto. Busca en el internet si es necesario. Después haz una lista de 10 cosas que nunca has hecho porque crees que son aburridas o que te causarían mucho trabajo hacerlas.

Si tomaste el tiempo de hacer las listas, hazte las siguientes preguntas. ¿Cuándo fue la última vez que asististe a una conferencia gratis? ¿Que tal ir a bailar o tomar clases? ¿O ir a un concierto? ¿Asistir a una clase de tai-chi o de ejercicio? ¿Cuándo fue la última vez que fuiste a caminar? ¿Cuándo fue la última vez que tomaste una clase solo por diversión? La raíz del aburrimiento se debe a tus propias decisiones. Por ejemplo, tomamos decisiones de quedarnos en casa y ver televisión o videojuegos en lugar de salir y hacer cosas. La buenas noticia es que como nosotros creamos nuestro aburrimiento se puede cambiar instantáneamente por nosotros. Si ves tus listas tendrás cosas que hacer y no solo no estarás aburrido sino que ampliaras tu creación. Tienes que hacer una decisión consciente para que te involucres en las actividades en tu lista.

Aquí hay unos ejemplos. Los autores de este libro viven en Memphis y muchos niños y adolescentes consideran esta área muy aburrida. Claro que muchos adolescentes dicen que todo es aburrido donde sea. Hace algunos años unos amigos de Inglaterra vinieron de visita y quisieron ir a Graceland, la casa de Elvis Presley. El otro amigo no le interesaba ir ni le simpatizaba Elvis. Pero en el tour de Graceland algo sucedió inesperadamente-el que no quería ir lloró y estaba asombrado. Esto es lo que puede pasar cuando creas una experiencia. El hacer cosas que normalmente no haces es un acto de creación. Memphis también tiene sitios históricos increíbles que datan desde los fuertes Españoles y la Guerra Civil, El Museo National Rights Museum (Museo de los derechos civiles nacionales), estudios de música Stax y Sun, y la séptima pirámide más grande en el mundo. La pirámide que está construida de acero inoxidable, tiene la tienda Bass Pro. Amigos de Perú recientemente visitaron y los llevamos al restaurant de la tienda, pero antes de ir comentaron que ya habían visto tiendas Bass Pro. Pero no está. Estaban maravillados al ver el pantano dentro de la tienda, ver los pescados gigantes, el hotel, subiendo el elevador de cristal de caída libre, y mucho más. El punto es que no se trata de Memphis. El punto es de todas partes. Todos los lugares tienen cosas que probablemente tu no sepas y por lo menos te entretendrían si las vieras. Cuando te encuentres descifrando que es lo que puedes hacer con tu tiempo libre, ve las dos listas que escribiste. Escoge una o dos cosas de las listas en lugar de aburrirte. Recuerda, el aburrimiento es una opción. Y en estas palabras hay una clave de la causa del aburrimiento. Quiere decir que ya ganaste partida de los niveles inferiores—protección y seguridad, y has logrado tener una vida fácil—por lo menos en esos momentos de aburrimiento. Tienes tiempo libre. Piensalo.

Creando tu Futuro en el Presente

Si te sientes atrapado en la vida, aburrido, estresado, frustrado o estas ahogandote en sentimientos o emociones negativas, la creación es una manera de que ya no estés atrapado. La idea de creación-auto creación—nos permite la libertad para cambiar. *Lo que hagas ahora, en este preciso momento, crea un futuro diferente que puede evolucionar a mejores posibilidades.* Claro que tomando decisiones acerca de la auto-creación es un proceso y empieza por una auto-búsqueda y auto-evaluación. En este proceso evalúas muchas cosas, pero después paradójicamente te deshaces de muchas cosas. Para poder hacerlo, tienes que olvidarte de algunas de tus verdades en las cuales crees y desconectarte de los poderes que ejerce en tí los recuerdos al tomar decisiones. En resumen, tienes que perder algunas cosas de tu identidad. Tienes que olvidarte que piensas de tu mente, tu cuerpo, tus recuerdos, tus emociones, tus sentimientos, y problemas. Tienes que ver que has estado viviendo una historia y que te has estancado en ella, como si fueras un personaje en una obra o película. En pocas palabras, tienes un papel. La manera de como te describes a tí mismo alguien más, refleja el papel que te ves actuando. La realidad es que tienes la habilidad de cambiar la historia de tu vida, o salirte de esta y crear una nueva vida. Esto es de lo que se trata la creación. El entender esto te dará una verdad más clara, como una epifanía personal. Tienes que ver tu historia muy de cerca—la vida que te has creado—de una manera desinteresada y sin juzgarte. Cuando puedas ver más allá de tus limitaciones o barreras las cuales percibes, empezarás a ver tu potencial para crear una nueva historia.

El Problema del Vecino

Al estar al final de este capítulo, volvamos a ver como empezamos. ¿Cuál fue la mejor decisión que el vecino pudo haber hecho acerca de las redes sociales girando fuera de control y provocando desacuerdos? Es una pregunta injusta porque ella determina el mejor resultado. Pero unas cuantas preguntas le ayudaron a decidir. Al discutir esto con ella, le propusimos las dos reglas de este capítulo en forma de pregunta. Primero se le preguntó si la situación causaba daño. Segundo, se le preguntó si estaba haciendo lo mejor que podía, usando los recursos disponibles.

Ella creía que habían causado un poco de daño a su página web pero que había hecho lo mejor que pudo tomando en cuenta todas las circunstancias. Sus esfuerzos no se habían convertido precisamente en lo que ella pretendía y quería que se transformara un poco. Pero ella no estaba haciendo ningun daño. Después se le preguntó "Qué exactamente tenía bajo control en esta situación?"

Tenía todo el control del contenido de la página web, lo que quiere decir que puede borrar comentarios y bloquear a ciertos individuos evitando sus comentarios. Pero era un trabajo que se lleva mucho tiempo y que creaba división y enojo de manera inmediata a unos vecinos. Incluso unos vecinos que no les gustaban los comentarios negativos querían que se permitieran por ser "libertad de expresión". Claramente era su decisión determinar si quería seguir teniendo el control de algo que aparentemente producía consecuencias o empezar otra vez y crear algo nuevo. Todos tenemos opciones. Pero era muy obvio para ella que no estaba haciendo daño. Su decisión fue el de no controlar y permitir que la situación tomara su propio curso. Después de un tiempo otras personas que no les gustaba la negatividad y comentarios que causaban división anunciaron que el sitio existía para hacer que la comunidad se diera cuenta de las cuestiones. Así que un poco de la negatividad continuó por un tiempo y todos tuvieron la libertad de responder como quisieron. Gradualmente casi toda la negatividad desapareció de la pagina web. ¿Fue esta la decisión "correcta"? A lo mejor no hay decisión "correcta" en algunas situaciones hay solo opciones. Pero la idea clave es que lo único que controlas es a ti mismo. O estas haciendo daño o no lo estas haciendo. Estás haciendo lo mejor que puedes o no lo estas haciendo.

En verdad, esta es una situación que enfrentamos los que estamos en las redes sociales modernas. Podemos tener una aplicación de una red social o una amplia gama de sitios chat—o no. Podemos poner comentarios de manera anónima y decir cosas indignantes que nunca diríamos frente a frente. Esto es una práctica muy común en estos días porque casi cada artículo que se publica en línea tiene una sección para comentarios. Si estos comentarios están bien, son morales y apropiados depende de cada uno de nosotros decidir. *Nuestro consejo es simple. Primero no hagas daño. Segundo, haz lo mejor que puedas con los recursos disponibles. No te lamentes de lo que no puedes tener o controlar. Toma decisiones de hacer lo que está bajo tu control.* Finalmente toma en cuenta que tu eres una creación, y una creación se puede transformar en muchas diferentes maneras.

CAPÍTULO 4

Otras Tres Verdades Acerca de la Vida

Empezaremos con otra historia verdadera que sucedió hace unos años, pero algunos nombres y unos detalles han sido cambiados por el bien de confidencialidad. Esta historia es acerca de una señora llamada Anna y algunas decisiones que tuvo que enfrentar en su matrimonio.

Cuando Anna entró a la oficina de terapia se veía cansada e infeliz. Rápidamente se confirmó esta observación. Tenía 26 años y era madre de una niña de 4 años. Anna había estado casada por cinco años y ella y su marido poco a poco se habían distanciado uno del otro. El estaba estudiando su maestría en administración y también trabajaba tiempo completo. Ella tenía una licenciatura y trabajaba medio tiempo en un consultorio médico, un empleo que escogió por el horario y por su ubicación conveniente. Ella fue a terapia porque "no era feliz y estaba pensando en divorciarse." Enseguida mencionó que su "vida sexual se redujo a nada" y comentó que su esposo "no tenía ambición." Veía su futuro sombrío. También padecía depresión y ansiedad. Eventualmente admitió que estaba sexualmente frustrada y que había contemplado tener romances fuera del matrimonio. Decía que lo que le impedía hacerlo es que era muy tímida y tenía miedo de que sus padres se decepcionaran si es que actuaba impulsivamente. Dijo también que tenía un sentido de protección hacía su hija y se sentía atada por la responsabilidad de ser madre. ¿Que le aconsejarías? ¿Le preguntarías cómo se siente acerca de estas cuestiones?

Anna tenía sus necesidades básicas completas. Vivía en un modesto pero bonito departamento. Los recibos se pagaban y podía ir a terapia. Tenía transportación fiable y nunca carecía de alimento o seguridad. Por lo que se refiere a los niveles de Maslow, sus necesidades básicas estaban completas. Pero estaba luchando con los niveles de necesidades psicológicas: la necesidad de intimidad, amor, amistad y autoestima.

Una pregunta que se le hizo fue: "¿Podía alcanzar esas necesidades de nivel superior en la relación y situación actual?"

Inmediatamente respondió "no" como si ya lo hubiera pensado. Dijo que divorciarse era la única salida. Y agregó que estaba "atrapada" y no podía salir. Así que no podía divorciarse por un temor muy grande que la envolvía: *el miedo a perder lo que uno tiene.* En terapia utilizamos estrategias y métodos para trabajar con los recursos y habilidades que ella tenía y "lo que era posible" dada la situación. Si la situación funcionaba o no dependía de ella y su esposo el cual no veía necesidad de terapia. La vida es lo que tu decides que sea. Quédarte donde estás es una decisión, y es una que trae consecuencias.

Entropía en la Vida

Hay un conjunto importante de verdades acerca del proceso contínuo de la vida. Esta siguiente verdad que impartiremos ha sido establecida en muchos lugares y de diferentes maneras, y no tenemos la menor idea quien la expresó primero. Pero el lugar de donde la citamos es de la película de 1999 *Entropy* (Entropía).

Entropía es la tendencia de cualquier sistema u objeto de ir a un estado de desorden. Desde el momento que algo es creado o llega a existir, se inicia el proceso de entropía. Todo en el universo es sujeto a la entropía incluyendo objetos, empresas de negocios o sociales, entidades vivas y relaciones. Al menos que un negocio sea monitoreado cuidadosamente y necesite de ajustes continuamente, el negocio será un desorden. En realidad, el acto de organizar algo como un negocio inicia un movimiento hacia la entropía. Las relaciones no son la excepción, también son sujetas a entropía. Lo mismo es para objetos físicos: carros, electrodomésticos, casas, etc. Todo se mueve despacio y constantemente hacia un estado de desorden y fracaso si no se atiende apropiadamente o se mantiene. Paradójicamente la entropía es un precursor a la creación y al progreso. Por la entropía, algunas personas buscan la mejor manera de hacer cosas. Lecciones se aprenden al tener fracasos. Y la lección más importante de la entropía es de prestar atención y controlar la única cosa que puedes controlar-tus decisiones y comportamiento.

La película Entropy (Entropía) se trata de cómo inició una relación amorosa, floreció, y luego se derrumbó dejando las vidas de las personas en "desorden." Fue obvio que las personas en la relación tomaron decisiones que llevó al fin su relación. Al final de la película el actor principal (actuado por Stephen Dorfff) estaba reflejando en su vida y el rompimiento de su relación con su verdadero amor.

El dijo, "La manera en que lo veo es que hay tres verdades en la vida. Naces, vas a morir y las cosas cambian."

Lo que se expresa en estas tres ideas simples son verdades para cada persona. Hay muchas otras cosas que son "verdad" y las mencionaremos después. Pero por ahora, examinaremos las que se mencionaron.

Naciste. La primera verdad simplemente expresa que el hecho de que existes no fue algo que tu controlaste. No te acuerdas haber nacido o tiempo antes de que nacieras. No te acuerdas el elegir nacer. No te acuerdas haber escogido a tus padres, tu genética hereditaria, o las circunstancias a que llegaste. No elegiste tus características faciales, tu color de piel, tu estatura, tu cabello, inteligencia o habilidades atléticas. Muy probablemente estarás de acuerdo en que no tuviste ningún control sobre tu nacimiento.

Y tal vez algo más importante, la verdad es que *nada de lo que te ha sucedido en el pasado está bajo tu control ahora.* El pasado ya pasó. Aún las palabras que leíste están en el pasado. Puedes intentar cambiar como piensas y que sientes acerca del pasado e intentar controlar algunas de las consecuencias de tu pasado, pero lo que una vez fue, ya pasó. El pasado puede ser como el humo. Muchas cosas en la vida pueden ser como el humo. Sucesos a veces se van flotando y desaparecen a la neblina de la memoria. Pero las memorias se desvanecen y nuestros recuerdos cambian al pasar del tiempo. Las personas y las relaciones en la vida desaparecen.

El pasado ya se fue. Esa es la verdad de la línea de tiempo en no-sotros. Claro que las consecuencias de tu pasado existen y cómo las manejas es decisión tuya. Pero la verdad es que naciste y estás aquí.

Te vas a morir. En segundo lugar, vendrá el día en que ya no estés-cuando tu mano se pueda sacar del agua como se comentó en un capítulo anterior. Esto es algo que discutiremos más adelante pero como lo explicaremos es simple y alarmante. *Estás aquí temporalmente. Tu tiempo es limitado. Todo es temporal. Cada relación es temporal. Cada empleo es temporal.* Tu decides que es lo que haces con cada momento antes que dejes de existir. *Lo que hagas con el tiempo que se te ha dado refleja lo que significa la vida para ti.* También refleja el propósito que veas en tu vida. O tienes un propósito genuino, que escogiste conscientemente para tu vida que guía tus acciones de momento a momento, o no lo tienes. Puedes jugar videojuegos, comer lo que quieras, usar drogas, discutir y sentirte lastimado, permanecer en una mala relación, seguir tra-bajando en un empleo malo, permanecer en una vida miserable, sumergirte en pornografía, o hacer lo que tu quieras. Puedes es-coger desarrollar hábitos saludables o no hacer nada y dejar que tu salud te lleve a donde quiera. O puedes escoger hacer mejores cosas con tu tiempo y tus recursos. Todo depende de tí. Puedes escoger ser cualquier cosa que quieras, siempre y cuando sea real-mente posible y realista. *Pero todo es temporal.* Tu tiempo aquí es limitado y muchas filosofias nos insisten que aprovechemos cada momento.

Las Cosas Cambian. Finalmente tenemos la tercera verdad: Las cosas cambian. Esta verdad se trata de entropía y creación. El capítulo 2 comenzó con unas cuantas descripciones de cómo per-sonas en el pasado no tan distante, tenían que manejar las necesi-dades sin ninguna de las conveniencias modernas. Ciertamente ha cambiado casi todo de cómo vivimos nuestras vidas día a día de como era antes. Antes se trabajaba por menos dinero que hoy, si es que encontraban un empleo cerca de su casa porque las distan-cias eran menos accesibles. Algunas personas trabajaban desde el amanecer hasta el atardecer cada día solo para hacer lo necesario para sobrevivir de un día al otro. Para la mayoría de las personas no era salir adelante. Su existencia era una vida enfocada solamente para sobrevivir. Se esforzaban por no perder lo poco que tenían. Muchas personas construyeron su casa y hacían cualquier reparación que fuera necesaria. Era un mundo difícil pero muchas personas sentían que vivían en la mejor época. Se entretenían con placeres simples y disfrutaban lo que podían—o por lo menos eso esperamos.

Probablemente sí tenían razón en creer que vivían los mejores momentos basado en lo que conocían o habían experimentado hasta ese momento. Al progresar cada generación tiene una vida cada vez más fácil y más cómoda. Aparatos eléctricos, teléfonos celulares, transportación fiable, películas, televisión, computadoras, internet, comida disponible, casas más seguras, y muchos avances hacen que la vida sea más fácil. Ahora, personas que se consideran pobres tienen tiempo libre y tienen muchas cosas que una vez se pensaba que eran de lujo. Pueden ver televisión, ver peliculas, escuchar música, y usar smartphone para hablar, mandar textos y usar el internet. Sabemos que aún hay personas que se esfuerzan en su vida diaria pero pocas de ellas están leyendo estas palabras. Para la mayoría de nosotros vivimos vidas de placer que nuestros ancestros o sólo una generación anterior ni se hubieran podido imaginar. Y los más exitosos tienen mucho tiempo libre. Dedicamos mucho de nuestro tiempo libre a deportes, entretenimiento, juegos y andar de fiesta. Otros se pasan el tiempo viendo el internet y se entretienen en placeres virtuales que encuentran. En realidad nosotros escogemos que hacer con cada momento de nuestro tiempo. Pero las cosas cambian y no hay nada que puedas hacer para que esto no pase. Tienes que decidir que significan para ti los constantes cambios del mundo en que vivimos.

¿Vidas Más Fáciles, Menos Propósito?

A pesar de tener una vida más fácil, esto no necesariamente ha llevado a las personas a creer o sentir que tienen un propósito en la vida. De hecho, para muchas personas esta vida fácil les ha creado malicia, cinismo, enfado, depresión o una actitud estoica. Muchas personas sienten que su empleo no tiene sentido, repetición diaria de una actividad aburrida que solo hacen por dinero y nada más.

Piensalo de esta manera. ¿Que es la actividad más divertida que haces y una cosa que estás deseando hacer? Es muy probable que no implica tu vida laboral. Unos de nosotros nos dedicamos a un empleo o carrera que apoya lo que de verdad "queremos hacer". Un secreto constante citado por libros de superación personal es que es mejor buscar un empleo o trabajo que disfrutes. Warren Buffet dijo "Busca un trabajo que aceptarías si no necesitaras el dinero". Pero muchos que logran cumplir ésta meta pueden involucrarse impulsados hacer más y más. Esto ocurre automáticamente al menos que lo mantengas en tu conciencia de forma rutinaria. Tienes que elegir de manera consciente que es lo que haces con tu tiempo. Las personas tienden a vivir una vida dominada por hábitos inconscientes, desempeñando las mismas acciones una y otra vez como haciendo solo movimientos sin sentido que los lleva a un fin confuso. Los hábitos reemplazan el tomar decisiones. Hábitos son útiles de tener y ayudan a crear orden en la vida, pero aún necesitan ser desarrollados conscientemente.

El concepto de entropía es relevante a un hábito como algo mecánico que se está descomponiendo. Los hábitos pueden tomar el lugar de hacer decisiones y pueden conducir a muchas cuestiones. Por ejemplo, "el comer sin sentido" es un hábito. Es algo que sucede cuando nuestra atención se concentra en otro lugar. Ese "otro lugar" puede ser el estar viendo deportes, viendo una película, estar estresado o sentirse uno mal. Comer durante estos momentos se puede convertir en hábito que trae consecuencias. El no comer saludable acelera la entropía—el deterioro—de tu cuerpo.

En resumen, la vida se vuelve más desordenada porque hacemos demasiadas cosas sin medir las consecuencias que eventualmente llegan. Las relaciones se trastornan porque subestiman a los demás o ignoramos circunstancias importantes. La vida moderna puede ser ajetreada, caótica, y llegar a no tener sentido o desesperación. Muchas personas mayores, jóvenes y aquellos entre estas dos etapas, sienten como que se mueven sin sentido para solo existir día a día. Sienten como que simplemente existen, viendo hacia adelante a un futuro imaginario que es mejor. ¿Cuántos de nosotros queremos que el día termine para poder descansar o dormir? Muchas personas ven su "mejor futuro" al acostarse al final del día. Hoy en día no hay urgencia de sobrevivir como en los años 1800. En esencia, nuestras vidas modernas nos llevan a tener pensamientos que todo en última instancia, no tiene sentido-aparte de divertirse lo más que podamos con el tiempo que tenemos. Si el divertirse y calmar el aburrimiento es la meta, esto lleva a personas a sentirse atrapado en una existencia sin ningún motivo.

Lo que importa es lo que hacemos en respuesta al cambio que pasa en nuestro alrededor, y cuanta responsabilidad tomamos en controlar nuestro propio destino. Sin embargo, no importa lo que hagas, las cosas continuarán cambiando. Asi que resumiendo brevemente, tú estas aquí, eventualmente te irás; y mientras tanto, las cosas van a cambiar.

Creando Orden en Medio de Entropía

Otra de las costumbres innatas en los humanos es el organizar cosas para que puedan tener sentido y luego poder controlarlas. Sin querer buscamos el crear orden, y es diseñado el hacer la vida más fácil. Lo que esto significa es que nuestros cerebros están predispuestos de una manera que crea orden—es decir, el cerebro intenta hacer sentido del mundo en que vivimos. *Tus creencias fundamentales es una manera de cómo ordenaste al mundo.* De la manera que estas viviendo tu vida ahora es como has creado algo de orden en tu vida. Los hábitos crean orden en la vida. La relaciones y los empleos crean orden. Un lugar donde vivir crea orden, así como los objetos que acumulamos. Todo se trata de crear orden en la vida. Formamos hábitos para formar y poder controlar las cosas, creando estrategias de comportamiento. Una vez más, esto es necesario y sabio. ¿La pregunta es si es que tus hábitos son un servicio para tí o te esclavizan? El uso de drogas, alcohol, sobrealimentación, y el buscar satisfacer nuestros impulsos sexuales nos pueden convertir en esclavos de esto. Los hábitos están arraigados, usualmente son comportamientos inconscientes los cuales surgen en ciertos momentos, lugares, y en circunstancias especiales. Estos momentos, lugares y circunstancias son señales que estimulan respuestas habituales. Eso quiere decir que son respuestas a una señal de nuestro ambiente. Estos hábitos pueden ser benéficos, o pueden perjudicar nuestras vidas.

Un ejemplo de un hábito que nos beneficia es cepillarnos los dientes. La mayoría de la gente se cepilla los dientes antes de acostarse. Con casi todos nosotros esto ocurre a la misma hora del día y de una secuencia predecible. El pensamiento que surge ("ahora necesito cepillarme los dientes") a la hora de acostarse es una respuesta automática a la hora, la recamara, pijamas, etc. Es un hábito arraigado que has desarrollado desde hace mucho tiempo. Hábitos negativos también se pueden formar de la misma manera. Unas personas beben, usan drogas, o se involucran en un sin fin de hábitos dañinos cuando son provocados por un reloj, un lugar, un evento o ciertas personas. De un modo, todos nuestros hábitos son un intento para crear orden en medio de entropía. No requieren pensar o tomar decisiones; son respuestas automáticas a señales. Lo bueno que estas respuestas se pueden cambiar, si es que quieres que cambien.

Otra manera que hemos inconscientemente creado orden es como moldeamos nuestra personalidad. *El modo que ves la vida, las cosas en las cuales crees, y como "instintivamente" actuas en situaciones, son esfuerzos para crear orden y son parte de tu personalidad.* En realidad, el término "personalidad" se empezó a usar porque la psicología necesitaba una manera de organizar sus descubrimientos del porqué nosotros los humanos hacemos lo que hacemos. Hacemos ciertas cosas como costumbre a ciertas horas para crear orden y nos ajustamos tan bien que rara vez entendemos que nos hacen actuar de manera automática, reaccionando a la vida como lo hiciera un robot. Arrebatos emotivos, enojos, envidia, y otros sentimientos son maneras de enfrentar las cosas que nos hacen estallar. Esas "cosas" son señales ambientales a las cuales podemos culpar por nuestras reacciones a ellas. Desarrollamos patrones de emociones, sentimientos y comportamiento como una manera de ordenar nuestra vida. Todas estas cosas se unen y crean nuestra personalidad. Se combinan para hacer lo que eres. ¿Pero esto es realmente tu? ¿O te esfuerzas para ser algo mejor, tal vez algo mejor de lo que crees que eres ahora?

El punto principal de esta discusión para crear orden es esto: Nuestras creencias y hábitos se forman de tal manera que parece que nos ayudan a darle sentido al mundo, ajustarnos a él, y manipularlo. Lo que usualmente no vemos es que nuestra personalidad establece un proceso inevitable de entropía. El desorden ocurre como proceso natural. Las cosas pasan y el mundo cambia. Problemas de salud surgen, personas importantes se van, empleos cambian, y sin fin de otros cambios y situaciones inesperadas crean desorden. Claro que que intentamos adaptarnos pero lo que pasa es que usamos métodos habituales para intentar controlar las cosas. Y esas cosas están fuera de nuestro control. Así que nuestros hábitos anteriores son usualmente ineficaces a desarrollos nuevos, pero como son tán automáticos, culpamos a la situación. No entendemos que tenemos que adaptarnos a nuevas condiciones. Es por eso que tanta gente fracasa al querer convertirse en algo mejor y actuar de manera más noble.

En resumen, tu tiempo en este mundo es limitado y tu vida durante este tiempo limitado es lo que tu quieras crear. ¿Que has creado para tí mismo, y que es lo que puedes crear? *¿Qué es lo que quieres crear?* Terminemos este capítulo con más preguntas que considerar. ¿Crees que tienes "un camino verdadero" en la vida-un camino que define qué y quien de verdad eres? ¿Estás en ese camino? ¿Te puedes ver llevando una vida con dignidad y nobleza? ¿Lo estás haciendo ahora? ¿Qué es lo que ves como el significado de tu vida?

CAPÍTULO 5

Libertad y el Camino Verdadero

Empezaremos éste capítulo con otra situación real, pero también se cambiaron los nombres y datos por confidencialidad. "Me siento atrapado" dijo Evan "Tengo dos trabajos, odio uno de ellos, una esposa, dos hijos, deudas de casa y carro, y ahora tengo que pagar la escuela de mis hijos, es demasiado."

Le preguntamos "¿Qué es lo que quieres?'

El contestó "Quiero ser libre; me siento atrapado por toda esta responsabilidad. Pero pasarán años antes de que todo termine. Haré lo que hay que hacer, pero un día todo se arreglará, por lo menos eso espero."

Esta es una historia común para muchos de nosotros. La gran mayoría de nosotros en una u otra ocasión, nos hemos sentido atrapados por nuestras circunstancias y responsabilidades. Vemos el futuro como una manera de evitar un presente desagradable. ¿Cuantos estudiantes de preparatoria se sienten atrapados? ¿Cuántos hijos mayores dicen que se sienten forzados o controlados por su situación? ¿Cuánta gente está en la oficina o permanece en un trabajo viendo el reloj y esperando cierta hora? Todos nosotros hemos sentido estas cosas de una manera u otra. Pero la situación que mencionamos es diferente. Sentirse atrapado puede provenir de ser responsable. Evan se sintió atrapado por la responsabilidad que él escogió y creó para el mismo. ¿Cuando aceptas y crees que tienes que satisfacer obligaciones, de verdad estas atrapado? ¿Si tu crees que el tener una familia es tu "camino verdadero" en la vida, las muchas responsabilidades de tener a una familia es de verdad estar atrapado?

Evan tomó una serie de decisiones que lo llevaron a la vida que menciona. El creó su situación. Se casó, tuvo dos hijos, compró una casa y carro, y decidió (o por lo menos estuvo de acuerdo) que sus hijos tenían que ir a una escuela privada. Tuvo dos empleos por las deudas financieras de su familia, pero sí dijo que le gustaba uno de sus empleos. Y al platicar más con el mostró que sí le gustaba ser padre y que era feliz en su matrimonio. Todas sus preocupaciones giraban alrededor de cuestiones financieras—dinero. Dinero y obligaciones financieras son las fuentes más comunes de sentirse infeliz o atrapado en la vida.

¿Qué es Libertad?

Vamos a empezar con unas cuantas preguntas. ¿Qué es la verdadera libertad? ¿Alguna vez somos realmentes libres? Hay alguien libre? Las respuestas a éstas preguntas son más complicadas que lo que nos gustarían que fueran. Probablemente tienes tus propias respuestas a éstas preguntas, pero todo lo que podemos hacer ahora es decir las nuestras. De alguna manera somos libres, en otras no tanto. Claro que esto necesita más explicación y es un buen punto de partida y ver de que se trata la idea de el "camino verdadero."

Empezaremos por hablar de las limitaciones de la realidad. Probablemente has oído algunos decir algo como, "Puedes comprar lo que tú quieres ser. Puedes hacer todo lo que de verdad quieras hacer." Obviamente no es realmente cierto. Muchos hombres jóvenes quieren jugar en el NBA (Asociación Nacional de Basquetbol) o ser un deportista estrella. No importa lo mucho que lo intenten o cuanto practiquen, esto no le sucede a la mayoría de las personas que tienen ese sueño. Todos tenemos una realidad que se nos impuso por nuestra genética. Este es un ejemplo absurdo que es muy pertinente. Vamos a imaginarnos que alguien decide que quiere ser lo suficientemente fuerte para poder brincar a la luna. No importa que tan fuerte sean sus piernas o que intenso sea. No importa que tanto lo intente no sucederá. Esa es la realidad. Así que mientras que no eres libre de brincar a la luna, si eres libre de intentarlo. Si piensas lo que dice la segunda regla acerca de tomar decisiones (la regla que dice *haz lo mejor que puedas con los recursos disponibles*), la libertad es más comprensible. Se trata de las opciones que tienes dentro de la realidad de tus circunstancias. Por ejemplo, una persona que le gusta mucho el basquetbol y quiere jugar en el NBA, pero no es lo suficientemente talentoso, no tiene que dejar el basquetbol por completo. Puede aceptar que no jugará profesionalmente y tomar la decisión de jugar básquetbol en una liga de manera recreativa. Definiciones de libertad generalmente abarcan el poder de elegir. Es la habilidad de actuar como uno quiera, con las restricciones legales y éticas de la situación y las posibilidades. Libertad es también la ausencia de responsabilidad. Es ser independiente al escoger. Todos tenemos libertad en cuanto a decisiones de nuestros actos y decisiones en cualquier momento. Problemas surgen cuando tomamos decisiones que limitan nuestra libertad o cuando cedemos ese poder alguien más.

La verdad es que todos estamos atrapados en el momento que llegamos al mundo. Tú estás atrapado en el cuerpo en que naciste. Puedes hacer muchas cosas para cambiar tu cuerpo pero mucho de tu físico es determinado por herencia y genética. Por ejemplo, mientras que algunas personas afirman que pueden cambiar de sexo ellos permanecen "atrapados" dentro de la especie humana. Y más relevante aún es que todos estamos atrapados por el tiempo y la inevitabilidad de envejecer. Tu cuerpo está programado por herencia de cambiar con la edad. Una vez más, tu puedes hacer algunas cosas para el alterar el proceso de envejecimiento pero unas cosas son inevitables. Vive tiempo suficiente y comprenderás esta verdad. Estás atrapado por la sociedad en que vives con todas sus obligaciones y requerimientos que se perciben. Estas atrapado por las incontables circunstancias y condiciones que te rodean. Te puedes cambiar pero no importa donde vayas, hay restricciones. Puedes dejar todo atrás y empezar otra vez, pero no importa, habrá circunstancias y condiciones nuevas. Tendrás que ajustarte basado en los límites que las circunstancias impongan. Y tú estarás también. *No importa donde vayas, llevas tu sistema de creencias y hábitos contigo. Tus creencias son la prisma por donde ves al mundo e interpretas las cosas.* Las cosas en las cuales crees juegan gran parte de la trampa. Personas quienes están constantemente infelices—y sin éxito—están atrapadas en cosas que raramente entienden, y sus creencias arraigadas son usualmente la trampa más difícil de escapar.

El Prisma de las Creencias

La siguiente historia es un ejemplo simple de cómo las creencias pueden atrapar a una persona y llevarla a la miseria. Uno de nosotros vive por un río localizado en una ciudad grande. Un verano, el Army Corp of Engineers (Cuerpo de Ingenieros de la Armada) empezó a limpiar el puerto para permitir el paso de barcazos de carga que llevaban silos de almacenamiento que habían estado localizados en el mismo lugar por doscientos años. Los barcazos reunían grano y algodón de los agricultores del área y embarcaban los productos por el río donde eran procesados. El equipo funcionaba por 24 horas al día sacando limo del fondo del río para hacer más profundo el canal. La operación hizo ruido constantemente por 12 días. Algunos vecinos que se molestaban por el ruido se quejaron argumentando que la policía debería de parar la operación. Esto sucedió como consecuencia de sus creencias y de como percibieron la situación. Ellos interpretaron la situación como ilegal y se ofendieron. Llamaron al alcalde y a otras agencias gubernamentales sin tener éxito. La primera semana de los 12 días se quejaron que el ruido era "horrible" "insoportable", "terrible" y usaron otros adjetivos muy fuertes. (La verdad era que el ruido si era soportable porque lo superaron). Pero la mayoría de las personas no experimentaron el ruido como horrible o terrible—solo era inconveniente y casi ni se oía en el interior de las casas. Era una operación legal que habitualmente se programaba y tenía que hacerse. El Corp of Engineers (Cuerpo de Ingenieros) tenía una obligación legal, y los silos de grano y los barcazos usaban el río antes de que existiera la colonia. Y claro "la entropía" sucede.

Gradualmente el río se degrada y se llena, lo que quiere decir que el "orden" creado por el degrado eventualmente lleva a un desorden. Simplemente quiere decir que una vez que empiezas a quitar el limo del canal eventualmente necesitará limpiarse otra vez si intentas usarlo. Claro que mucha gente no sabe esta información y rara vez les importa saber. Un aspecto interesante de limpiar el limo es que unos padres lo tomaron como una oportunidad para impartir una lección. Llevaron a sus hijos al río para que vieran el proceso y les explicaron la historia, como los agricultores mueven los productos, la importancia de lo hondo del río, y como se involucra el gobierno. No muchos niños tienen oportunidad educativa tan amplia. Usando un cliché muy usado los padres hicieron limonada de limones (aprovecharon la oportunidad). Lo importante que se necesita ver en este ejemplo es como las creencias extremas de unas personas acerca de la situación era la causa de su inconformidad. Al etiquetar la limpieza del río como horrible, insoportable y terrible, las personas sentían estas emociones asociadas con los adjetivos. Entre más pensaban en la situación más lo percibían y peor se les hacía. La realidad era de que el ruido no era placentero pero era inevitable en ciertas horas y lugares. La mayoría de los vecinos solamente suponían. "Es molesto pero ya terminará. Haz lo mejor que puedas." Algo raro pasó después de que terminó la limpieza después de 12 días. Casi nadie se dió cuenta que había terminado y les tomó un par de días para darse cuenta. La gente se había acostumbrado al ruido. Los humanos tienen una habilidad de ajustarse al cambio de situaciones. Y esa habilidad la llevamos dentro de nosotros. Estamos programados a poder ajustarnos. Si has vivido cerca de un ferrocarril o aeropuerto, entiendes lo que es el saber ajustarse. Nuestro cerebro está programado a poder acostumbrarse a muchos cosas.

Muchos eventos fastidiosos son claves de nuestro sistema de creencias. Esto quiere decir que algunas situaciones que enfrentamos nos provocan una secuencia de creencias y sentimientos desagradables. Ejemplos de esto son, esperando en fila, esperando en tráfico, y estar con otras personas con las cuales no quisieras estar. Estamos seguros que pudieras tener una lista de cosas que te irritan. Las etiquetas mentales que ponemos en estos eventos y circunstancias tienen consecuencias. Cuando pensamos que estos sucesos son espantosos, etiquetarlos como terribles, horribles, e insoportables tenemos sentimientos desagradables y somos intolerantes a nuestras respuestas de conducta. Es decir, frecuentemente tenemos la tendencia de etiquetar cosas de manera rápida y lo hacemos en extremo. Por el contrario si simplemente pensamos, "Es molesto," y agregamos "Esto también pasará" hace que la situación sea más soportable. La manera de que interpretas un suceso puede ser la clave de cómo responder de manera diferente. Una manera de ver esto es que las situaciones que provocan enojo o ansiedad son oportunidades. Pero lo importante es el saber que cuando surge la creencia al presentarse una situación tienes que retar esa creencia. Tu primer pensamiento (creencia) puede ser, "Esto está muy mal." Pero tienes que retarlo haciéndolo menos extremoso.

Mientras que la vida nos presenta con algunas situaciones que son realmente terribles, la mayoría de los sucesos de día a día que vemos como terribles o malos son más bien inconvenientes y molestos. Por ejemplo, un día puedes tener un vecino a quien le están instalando un techo nuevo. Tendrás que tolerar unos días de ruido irregular. Si no lo puedes manejar, puedes decidir irte a otro lugar hasta que el ruido termine. O solamente hacer lo mejor que se pueda. Si estás en un embotellamiento, prepárate para pasar el tiempo escuchando un libro en audio y entretenerte en una actividad mental que te relaje. A lo mejor en el trabajo te dan otra cosa que hacer en el preciso momento que creíste que estabas al día. Pero la verdad es que no importa lo que hagas, la vida te dará más cosas y no estarás preparado. Esto es porque las cosas cambian y entropía es siempre una realidad en el trabajo. Te vas a encontrar en situaciones que parecen que estas atrapado. Cuando estas cosas pasan aún tienes libertad. Tienes la libertad de ver la situación de manera que quieras. Tu sistema de creencia automáticamente interpreta la situación, pero donde ésta interpretación instantánea te lleva puede ser la cuestión—buena o no tan buena. Puedes controlar tus creencias hacéendolas más razonables y realistas. Cosas que inmediatamente vemos como horribles o terribles usualmente no son tan malas. La mayoría del tiempo experimentamos eventos inconvenientes o molestos, pero no terribles. Algunas cosas malas probablemente las tendrás en algún momento, así que es sabio el entender que la mayoría de las cosas que intérpretes como horribles, no son horribles. Haciendo tus creencias e interpretaciones menos extremas es una manera de darte a tí mismo algo de control sobre las situaciones.

A pesar de todas las trampas que se mencionaron previamente, tienes el poder de ser libre cuando entiendas lo que de verdad es libertad. Tienes el poder de encontrar y disfrutar la verdadera libertad. Esto se logra al examinarte a ti mismo, retando tus creencias de todo, haciendo decisiones informadas, y luego haciendo lo que es necesario para poder elegir. Encontrar y vivir en plena libertad no es tan difícil como parece, la pregunta es si quieres o no seguir éste camino. ¿Así que, realmente qué significa libertad?

Verdadera Libertad

Como mencionamos anteriormente hay muchos significados de libertad. El diccionario lo define como, "el estado de ser libre del control y poder de otro." Una palabra que define libertad incluye "autonomía", "independencia," y "libertad." ¿Qué tanta autonomía de verdad tenemos? ¿Y podremos escapar del control y poder de otros?

Vamos a imaginarnos que de repente te encuentras atrapado en una preciosa isla desierta. No eres precisamente "libre" en el sentido que estás atapado en esa isla. ¿Pero no estás "libre del control y poder de otro?" ¿Qué no puedes hacer lo que quieres? Claro que no y te darías cuenta enseguida.

Primero hay muy pocas cosas que puedes hacer en una isla desierta. Hay circunstancias y condiciones con que tienes que enfrentarte, y tu sobrevivencia se convertirá inmediatamente en tu preocupación primordial. Te encontrarás en el nivel inferior de Maslow de protección y seguridad y esas cuestiones se volverán tu prioridad. Tus posibilidades de sobrevivencia, protección y seguridad dependerán en los recursos que tienes disponibles, en combinación con tus conocimientos y habilidades. (recuerdas la segunda regla? *Haz lo mejor que puedas con los recursos disponibles*). Lo que harás en la isla es sobrellevar la situación basándote en lo que ya sabes y crees y usando los recursos que tienes disponible. Las acciones que lleves a cabo definitivamente serán tus decisiones pero se tomarán de acuerdo a lo que has aprendido y creído después de evaluar la situación lo mejor que puedas.

Es importante repetir otra vez que tus prioridades principales se relacionan con las necesidades básicas de Maslow—seguridad y supervivencia—alimentación, agua y refugio. Pero haremos otras cuantas preguntas. ¿No dependería tu supervivencia en lo que has aprendido de los demás en el pasado? ¿Tus creencias y conocimientos acerca de sobrevivencia desempeñarán un papel en cómo manejas la situación? Si estás de acuerdo con ese simple comentario debes de entender cómo nuestras creencias pueden restringirnos o ayudarnos. Las creencias son el cristal a través del cual vemos al mundo. Son como interpretamos las cosas. Te haremos otra pregunta usando el escenario de la isla desierta. "La manera de cómo decides vestirte ahí, podría ser una influencia que adquiriste en tu vida?" ¿Por ejemplo, si un veliz con ropa de mujer y hombre llegará a la orilla de la isla que tipo de de ropa pensarías en ponerte? ¿No sería una decisión difícil verdad? La respuesta sería automáticamente serían de tus creencias.

¿El refugio que decidieras construir serían de algo que aprendiste en el pasado? Las respuestas a todas estas preguntas son muy obvias y así deben ser. Como todos los ejemplos el escenario de la isla desierta se queda corto al explicar lo que queremos. La verdad es que no importa donde éstas, hay circunstancias y condiciones específicas que tienes que enfrentar. Tus creencias de las situaciones restringen tu libertad así que cambiemos la situación un poco.

Vamos a decir que decidiste visitar Egipto. Si lo has hecho antes o has visitado otro país donde la mayoría son Islámicos, sabes que los Americanos sobresalen. Una cosa muy obvia es que te vistes muy diferente de todos los demás. En una visita de 12 días a Egipto hace unos años, uno de nosotros fuimos testigos de cómo hombres de la región acosaban a mujeres Americanas que visitaban el país. Las mujeres que eran acosadas llevaban vestimenta típica Americana.

Esto fue una cuestión muy importante que se comentó en los folletos que se mandaron al grupo turístico mucho antes de la visita a Egipto. Se le dijo a las mujeres que no usaran shorts o vestidos cortos y que evitaran llevar blusas que mostraran su cuerpo. Tal vez el acoso aquellas personas que ignoraron las advertencias de vestir no fue "justo" o "bien" pero fue inevitable. El término "inevitable" se relaciona a la realidad de la situación. Los guías del tour sabían que les pasaría a los Americanos si ignoraban las advertencias culturales. Se les recordó cuando llegaron a Egipto. Sin embargo, varias mujeres insistieron en ponerse los estilos que usaban en América.

La verdad es que cuando estamos en otras culturas, nos llevamos nuestros hábitos culturales y creencias con nosotros. Estos hábitos los cuales son comportamientos repetitivos que hacemos por haberlos aprendido y nuestras creencias son automáticos y vienen del inconsciente. No pensamos en ellos hasta que las situaciones se vuelven drásticas y llevan a consecuencias que no esperamos o nos gustan. Si has tenido que vestirte con ropa drásticamente diferente para un evento, recuerda lo raro que te sentiste. Esa extraña sensación vino de hacer un lado tus creencias que aceptaste como tuyas. Esas creencias se empezaron a formar en tu niñez y luego se acumularon con el tiempo. Tus creencias son recopiladas y consideras que son tu verdad. La verdad es que tus creencias a veces representan una trampa. Las cosas que crees y aceptas como verdad te pueden mantener a salvo; te pueden explicar ciertas cosas, y pueden hacer la vida simple porque no tienes que pensar muy profundamente. Pero las creencias te pueden evitar de ser libre. Las creencias son necesarias, pero también te restringen. Así que hay una clave acerca de las creencias. Ellas te representan a tí y son como una acumulación que se creó a través del tiempo. Para ser una creación con un control genuino, tienes que deshacerte de algunas de tus creencias y retar de forma rutinaria a las demás.

Viviendo en Piloto Automático

Antes de que sigamos un punto clave necesita ser mencionado y recalcado. Casi todo lo que hacen las personas en la sociedad moderna es automático. No tomamos tantas decisiones conscientes como piensas; en vez de esto automáticamente reaccionamos a la mayoría de las situaciones. Nuestras reacciones vienen de creencias que instantáneamente surgen cuando varias situaciones suceden. Es decir, muchas de las cosas que hacemos son motivadas y controladas inconscientemente. Un simple ejemplo se da cuando la gente dice, "El me hizo enojar." La realidad es que es nuestra interpretación de los eventos el que nos hace enojar. Como interpretas a los eventos está basado en las cosa que crees. Es por eso que decimos que las creencias representan la prisma con la que vemos al mundo. Cuando creemos que estamos tomando decisiones el rango de opciones ya ha sido limitado por nuestras creencias así que no existe una decisión real. Piensa en cómo te vistes. Has restringido tus opciones. Vamos a decir otra vez que es necesario tener creencias—creencias se formarán no importa lo que hagas—pero ésta restricción de opciones pasa todo el tiempo sin que nosotros nos demos cuenta. La mayoría de las personas no captan la idea, pero es importante de entenderla si quieres obtener la percepción necesaria para ser realmente libre. Es cómo si estuvieramos en "piloto automático" al ir de momento a momento. Explicaremos esto con más detalles más adelante, pero hay un ejemplo común que lo entenderás muy fácilmente. Lo único que tienes que hacer es estar entre un grupo de gente para presenciarlo.

Observa a gente cuando hay una notificación audible—un ding—de su smartphone. Automáticamente lo ven. Si tu crees que están haciendo una decisión consciente de verlo cada vez que su teléfono hace "ding" estás equivocado. No es una decisión consciente. Es una respuesta inconsciente que automáticamente ocurre. Es como el perro de Pavlov que salivó cuando se sonaba una campana. Era una respuesta condicionada que pasaba automáticamente. Pavlov era un psicólogo Ruso que tenía bajo su control a un perro. Se inyectaba comida en polvo a la boca del perro al mismo tiempo que sonaba una campana. Después de que se hizo esto unas cuantas veces, había secreción de saliva en el perro cuando sonaba la campana. No importaba si había comida en la boca del perro—cuando la campana sonaba, había secreción de saliva. Los teléfonos celulares trabajan de la mism manera con la mayoría de las personas. El teléfono suena, y la persona lo ve.

Haz un experimento con alguien que conoces que siempre está pegada al teléfono. Reta a esa persona a que voltee el teléfono y que no lo vea por 10 minutos como "Prueba". Cuando suene o haya una notificación, la persona automáticamente volteará a ver su teléfono. Recuerdale que no lo vea, y al sonar, pasará lo mismo. Están tan ligados inconscientemente a su teléfono que sus ojos inmediatamente verán al teléfono cuando haga un ruido. Es similar a lo que pasó cuando el perro de Pavlov se le hacía agua la boca cuando sonaba la campana. Hoy en día es un problema muy grande en las calles ya que el "manejar distraído" aumenta dramáticamente. Claro que ya lo sabes. ¿Es por eso que tu teléfono está apagado mientras que manejas, verdad?

El punto es que anteriormente lo que hemos llamado "señales" en varios ejemplos es lo mismo que "dings" o notificaciones de un smart phone. Las señales de nuestro ambiente nos llevan a respuestas automáticas. Al estar en un embotellamiento de tráfico aparece un "ding". Provoca creencias previas, interpretaciones automáticas y produce una respuesta emocional. La vida está llena de tales cosas. Tu supervisor, padres, hijos y al ver una patrulla son unos ejemplos de tales señales. Piensa en lo que haces y piensas al ver una patrulla. Esa "persona especial" en tu vida quien te critica también es una señal, un ding, el cual produce una respuesta automática. La vida está llena de dings. A veces las respuestas automáticas programadas en nosotros son apropiadas, pero muchas de las veces nos restringen y restringen nuestra libertad auténtica.

Volvamos a Como te Vistes

Veamos otra vez el ejemplo que mencionamos anteriormente. ¿Cuando te levantas en la mañana y te preparas para vestirte, qué decisiones tienes que tomar? La respuesta para la mayoría de nosotros ya está en el closet y tocador. El rango de tus decisiones usualmente son muy reducidos. Las decisiones que has tomado en la vida han creado límites—tus elecciones de vestimenta están restringidas por decisiones que has tomado previamente. Compraste ropa con la cual te sentías cómoda, ropa que era tu estilo, qué aceptaste como "tu". Sin embargo, el estilo que escogiste vino de la influencia de otros. Tal vez fuiste influenciado por padres y abuelos que te compraban cierto tipo de ropa y te alabaron porque te veías muy bien. Aún si elegiste hacer lo contrario de lo que tus padres querían, ellos te influyeron. Pudiste haber sido influenciado por amistades o celebridades que querías imitar o por personas de quien querías obtener su aprobación (presión de grupo es una fuerza muy poderosa). Ciertamente tienes diversos estilos de vestir para diferentes ocasiones y actividades, pero las elecciones que tienes son limitadas por las creencias que tienes acerca de tí mismo y de la sociedad en que vives. Esto no es necesariamente algo malo, el punto es que cómo te vistes es influenciado profundamente por tus creencias acerca de los demás y las situaciones. Y las creencias pueden ser terriblemente limitadas. Creencias pueden ser los aspectos más restringidos en nuestras vidas pero todas empezaron por cosas que no escogimos conscientemente.

Atracción Física

Es muy raro que se toque el tema en clases de psicología el decir porqué nos atraen ciertos tipos de personas y menos a otras. ¿Por qué nos atrae personas altas o chaparras? Por qué algunos hombres les atrae mujeres delgadas y a otros mujeres de cuerpo obeso. ¿Por qué algunas mujeres les atrae hombres de aspecto atlético y musculoso y a otras a hombres promedio o de cuerpo grande. Por qué algunos hombres les atrae hombres y mujeres a mujeres? ¿Por qué algunas personas les gusta el cabello obscuro y a otros güeros? Nos han dicho que estas preferencias se deben al impulso de tener a parejas ideales para procrear, pero eso no es la verdadera historia. Si hay definitivamente una influencia genética en estas preferencias, pero muchas de estas *preferencias* vienen de experiencias de nuestra infancia que han sido escondidas tan profundamente en el inconsciente que no te das cuentas completamente de su motivo. Se relacionan con nuestras experiencias con ciertos tipos de cuerpo, color de cabello y otros atributos físicos que nos hacen sentir de manera placentera. Formamos lazos en nuestra niñez y estos "lazos" son como huellas que se marcan en nuestro inconsciente. Una vez marcadas automáticamente crean preferencias que usualmente duran toda la vida. Son muy difíciles de cambiar y no estamos sugiriendo que intentes cambiarlas. Lo que estamos diciendo es que es bueno darse cuenta de que existen. Estar consciente de ellos te da libertad de escoger. Te permite ver las posibilidades que existen.

Empleos y Carreras

De una manera muy real, lo que hemos estado creyendo acerca de nosotros mismos nos restringe de tener empleos y carreras de mayor potencial. Si crees que eres malo en matemáticas, vas a eludir todo lo que tenga que ver con esto. Si crees que eres tímido evitarás empleos que requieran interacción con otros. Personas que tienen autoestima baja evitarán que se fijen en ellas. Personas que creen que el tener educación para cierta carrera es mucho trabajo, ni siquiera lo intentarán. Todas esas decisiones restringen posibilidades. El punto importante es que estas decisiones no son *genuinas*. Muchas decisiones aparentemente se basan en creencias muy profundas de nosotros mismos que están muy reprimidas en el inconsciente. Al menos que las enfrentes y las retes continuarán teniendo control y una influencia poderosa en tí, y es algo que muy pocas personas reconocen.

Creemos que hay un camino para todos, un camino que nos permite a cada uno de nosotros ser la mejor persona que queremos ser. Es un camino que nos llena de satisfacción y felicidad. Pero nuestras creencias pueden obstruir nuestro camino. Dinero—y el concepto de que lo necesitamos—nos puede restringir nuestra libertad. No hay duda que el dinero importa en nuestro mundo actual, pero como decides emplear tu tiempo limitado en este mundo también importa. La mayoría de las personas que han encontrado su vocación lo han hecho al menos de una manera, en una carrera y en los trabajos que eligen. No siempre es fácil encontrarlo, pero es muy probable que tengas idea acerca de lo que te gustaría hacer para ganarte la vida. Entre más pronto te des cuenta de lo que realmente quieres hacer, más claro se presentará tu camino verdadero. Es aceptado hoy en día que la mayoría de personas pasan por varias carreras y muy a menudo las que nos gustan más no empiezan pagando mucho. Así que estamos alentando a los que no son felices en su empleo a que busquen de manera diligente dentro de sí mismos y sus opciones. Existen alternativas, y hay probablemente una manera de que te conviertas en lo que más deseas. Al tomar estas decisiones, es sabio recordar estas dos reglas: No hagas daño, y haz lo mejor que puedas con los recursos que tienes disponibles.

Como las Creencias, Tu Ambiente y la Cultura pueden Crear Trampas

No hay duda que las persona llegan a este mundo a lo que se le puede llamar competencias desiguales. Ya mencionamos que cuestiones como la apariencia, inteligencia y muchas otras características son heredadas. Las personas no empiezan en el mismo nivel de herencia. Y en el determinado lugar en el mundo que naces juega un rol. El ambiente en donde naces, tu familia y amistades con quien creces, los recursos, la colonia, y tu cultura imponen y dejan huella en las creencias y hábitos en ti. Pasa automáticamente del mismo modo que nuestro lenguaje es determinado por cómo los demás hablan. Pero hay otras creencias que dejan huella de igual manera. Por ejemplo, es muy probable que nadie nace siendo racista, y podemos echarle la mayoría de la culpa a los factores que se mencionaron anteriormente. En breve, las personas aprenden a ser racistas y las creencias que adaptan pueden ser tan profundas que permanecen debajo de la superficie en el inconsciente. También pueden ser inculcadas en una cultura que tiene realmente límites físicos—como una región particular, o una colonia. El racismo tiende a generar más racismo. De igual manera, el alcoholismo y violencia puede ser de familia y de ciertas zonas. En cualquier ambiente en que naciste y criado tendrá una gran influencia en las cosas en que crees. Y como lo hemos mencionado, tus creencias pueden crear barreras y puede que te quedes atrapado en ellas. Pobreza es otra barrera. Hay varias razones porque la pobreza tiende a ser un problema intergeneracional en algunas colonias y zonas. La verdad es que personas pueden estar atrapadas por su ambiente al menos que tomen decisiones audaces y conscientes de cambiar la situación. Una cuestión complicada es que nos podemos estancar en nuestras creencias culturales y expectativas. Queremos ayudar con todas estas cuestiones pero realmente, ahorita, son solamente nuestras palabras hablándote a tí—solo una persona. Si te encuentras estancado en cierta circunstancia, tienes por lo menos tres opciones.

Una opción es quejarte de la situación y/o pedir un poco de ayuda. Eso muy rara vez cambia las cosas, las personas permiten quedarse estancados como si estuvieran en arenas movedizas donde se hunden más y más haciéndolo más difícil escapar. La primera opción no es una decisión consciente y tiene que ver con una tendencia que discutiremos en detalle muy pronto. Esa es la tendencia de tomar el camino con menos resistencia. Viene de una creencia inconsciente que te dice que no puedes realmente cambiar las cosas y es mejor quedarte allí y soportar las circunstancias. Se relacionan con la idea que no tienes control acerca de tu situación en la vida.

La segunda opción es intentar cambiar la situación en tu ambiente más cercano. Puede ser entre la familia y si los miembros clave de la familia entienden y aceptan su rol en el cambio. Es una tarea difícil y nunca termina si permaneces en el ambiente del que estás luchando. Cambiar una comunidad o la base de una cultura es un trabajo difícil que muy poca gente que lo hace, lo hace de manera permanente. Es algo como lo que hizo Martin Luther King y Mahatma Gandhi hicieron. Casi todas las colonias y ciudades tienen héroes no reconocidos que hacen cosas similares en sus áreas. Pero es una tarea multigeneracional que muy a menudo se vuelve la misión de una persona. Es una cosa muy noble pero la mayoría de las personas simplemente no tomarán la decisión de hacer algo de esta magnitud.

La tercera opción es de crear un nuevo camino para tí. Tienes que transformar tu vida y crear otra. Puede que signifique dejar tu cultura atrás y tu colonia y empezar de nuevo. Pero toma en cuenta que donde vayas, te llevarás tus creencias y mucha de tu identidad y cultura que tienes. Estas creencias tienden a quedarse en el inconsciente—siempre ejerciendo una influencia—y son muy resistentes al cambio. Las dificultades que se encuentran en tomar la segunda o tercera decisión en tal dilema explica el porqué el no hacer nada-o tomar el camino de menos resistencia- es como muchas personas responden. Así que nada cambia y todo se pasa a la generación siguiente. La segunda y tercera opción requiere una decisión diligente y muy consciente pero son los caminos primordiales al cambio. De un modo, es realmente la transformación de la vida entera de una persona, y es un acto de autocreación.

Si piensas en las dos reglas (no hacer daño y hacer lo mejor que puedas con los recursos disponibles) muchas personas se hacen daño ellas mismas y a los demás quedándose en situaciones adversas. Esto puede ser el permanecer en relaciones de abuso, mantener a tus hijos en una área de crimen y drogas, o socializar con gente que es abusiva, enojona, peligrosa o racista. Por otro lado, sabemos que hay que tener recursos para escapar. A veces el único recurso disponible es tu propia fuerza de voluntad. Esto puede que sea el tener que hacer investigación y hacer lo mejor que puedas para obtener ayuda. Información útil está disponible en bibliotecas, en agencias de servicio social, colegios y universidades, algunas iglesias y agencias gubernamentales. Para aquellos que no enfrentan estas cuestiones, puede que sientas el impulso de ayudar a los demás en estas dificultades. Si puedes. Sólo necesitas preguntar y encontrar como. Pero tienes que tomar una decisión consciente de hacerlo y llevarlo a cabo.

Aceptando Nuestras Decisiones y las Consecuencias

El inicio de este capítulo empezó con un dilema muy común en la clase media—la historia de Evan. Tenía unos 30 y tantos, bien educado y con una carrera. Le gustaba uno de sus empleos y odiaba el otro el cual era medio tiempo. Aceptó el trabajo de medio tiempo porque pagaba bien, era conveniente y le acomodaba con su itinerario. Sin embargo, lo mantenía alejado de su familia muy frecuentemente. Amaba a su familia y el ser padre. Pero sus deudas y la percepción del tener que mandar a sus hijos a escuelas privadas le hicieron ver como su responsabilidad gradualmente lo había puesto en la posición que resentía. Había tomado una serie de decisiones que le llevaron a esta situación. Otra vez, sentía como que se había atrapado a sí mismo y que pasarían diez años para que pudiera "ver la luz." Sin embargo, aceptaba las decisiones que había tomado y no lamentaba ninguna de ellas. También sabía que habían consecuencias a estas decisiones. Sus creencias acerca de la responsabilidad familiar, deberes y obligaciones eran fuertes, y aceptaba gustosamente las consecuencias. Como el tiempo que permanecía en el trabajo era la cuestión que más le desagradaba, su vida en el trabajo se convirtió en el enfoque de su atención.

Evan vió que el empleo que de verdad le gustaba—y le pagaba menos—era la cuestión clave. También le gustaba la gente con quien trabajaba pero pagaba lo suficiente. El terapeuta le preguntó que si podía encontrar un puesto similar donde se le pagara lo suficiente para que pudiera renunciar a su trabajo de medio tiempo. Claro que ya lo había considerado anteriormente, pero no había tomado ninguna acción. Dudaba en preguntarle a su supervisor porque temía que creyera que demandaba algo y que lo pudieran reemplazar—lo último que quería es perder su trabajo. Tomó tiempo pero eventualmente buscó y encontró un trabajo que a lo mejor se le acomodaba. "Apareció" después de que platicara con varias personas. Pero después el supervisor habló con él al enterarse del dilema de Evan y la búsqueda de empleo. Después de una conversación abierta y franca, le ofrecieron a Evan un puesto nuevo con más sueldo en el área que le gustaba, y su jefe le dió una sugerencia acerca de mandar a sus hijos a una escuela privada. Tomó el empleo el cual le permitió renunciar a su trabajo de medio tiempo. Claro que esto no pasa en todas las situaciones. Pero en retrospectiva Evan se dió cuenta que tenía una serie de creencias que lo restringieron e hicieron ver como sus únicas opciones. Sus creencias acerca de los prospectos de trabajo, su supervisor y de él mismo lo mantenían de hablar de la situación con su jefe. Las creencias (las cosas que hemos aceptado como verdad en el mundo, de nosotros mismo, y los demás) pueden crear trampas y restringirnos de nuestra libertad.

CAPÍTULO 6

Viviendo en una Caja Skinner: Supersticiones y Creencias Falsas

Hace muchos años, uno de nosotros trabajó en laboratorios psicológicos con ratas. En una técnica sencilla experimental, las ratas fueron puestas en lo que se le llamaba "Skinner Box" (Caja de Skinner), nombrado por el famoso psicólogo conductual, B.F. Skinner. Hoy en día se refiere al contenedor como la "cámara de condicionamiento operante". Los lados y la parte de arriba de la caja eran hechos de Plexiglass y medían un pie cúbico y tenían una pequeña barra de metal que salía por un lado. La rata podía empujar la pequeña barra hacía abajo. Cuando la barra era empujada comida granulada caía a una pequeña ranura en la caja. Y cuando la barra se empujaba se oía un sonido "click".

Una típica "Caja Skinner" From: Wikipedia Commons.

Cuando poniamos a una rata hambrienta en la caja, la rata inmediatamente empezaba a explorar el espacio. Se paraba en sus patas traseras inspeccionando la caja y se movía de rincón a rincón pero eventualmente todas las ratas tocaban la barra. Cuando tocaban la barra hacía un sonido "click" y la comida granulada caía a la caja enseguida de la barra. La rata hambrienta rápidamente se comía la comida y empezaba a explorar otra vez, pero de manera más rigurosa. Muy pronto la rata presionaba la barra otra vez al estarse moviendo de un lado a otro.

En este experimento sencillo las ratas pronto aprendieron asociar la barra y el sonido de "click" con la comida. Obviamente la mayoría de las ratas eventualmente aprendían a presionar la barra una y otra vez. Es decir, aprendieron que el presionar la barra les daba comida y el sonido "click" lo asociaron con la comida. La comida reforzaba el comportamiento de presionar la barra. El significado fundamental de "reforzar" es que la comida (lo que se va a reforzar) incrementa el comportamiento que aparentemente causa que aparezca la comida. Si simplemente haces el sonido "click" al estar la rata en la caja inmediatamente buscaba la comida. Funcionas exactamente igual cuando nuestro smartphone suena "ding".

Mucho de lo que sabemos acerca de refuerzos y el efecto que tienen en nuestro comportamiento procede de los primeros experimentos que se hacían con las ratas en las cajas de Skinner. De hecho, la manera de que muchas personas son pagados en varios empleos viene del entendimiento de refuerzo y comportamiento. Cómo nos vestimos, hablamos con otros, y se llevan a cabo negocios también está relacionado con lo que se descubrió en estos experimentos. El campo de la economía ha hecho mucha investigación con personas usando variaciones en el método. Pero claro que no colocando a personas en la caja de Skinner.

Se observó algo raro en quizás una de cada diez ratas en la caja. Los ejemplos más extremos que sucedieron eran algo gracioso. Lo que veíamos es que la rata se daba vuelta en la caja y luego presionaba la barra. Después de que la rata comía se daba vuelta en la caja y presionaba la barra. Esto se repetía una y otra vez a veces a una velocidad que mareaba. Lo que estaba sucediendo era muy simple y se relacionaba al aprendizaje de la rata.

Poco antes de la primera vez que la rata presionó la barra, hizo un círculo al estar explorando la caja. Después de consumir la comida que se le dió, hizo otro círculo intentando repetir el comportamiento el cual le dió comida. Presionó la barra otra vez después de dar una vuelta y una vez más se le dió comida. El patrón se repitió una y otra vez. La rata había aprendido que si daba un vuelta completa en la caja y presionaba la barra, había comida disponible. Si le pudiéramos dar atributos humanos a la rata, diríamos que pensaba o creía que tenía que darse una vuelta antes de presionar la barra para poder obtener el refuerzo—la comida. Claro que esto no es verdad. Todo lo que tenía que hacer es presionar la barra. Pero creía algo diferente. En psicología se le nombra "comportamiento supersticioso". El punto importante en éste ejemplo es que las creencias pueden ser desarrolladas de la misma manera.

Comportamiento Supersticioso

Hay muchos, muchos ejemplos de supersticiones, como el caminar debajo de una escalera y Viernes 13. Hay personas que se lastimaron al caminar debajo de una escalera y algunas cosas no muy buenas han sucedido en Viernes 13. Pero por otro lado muchas personas han caminado debajo de escaleras sin ningún problema y muchos Viernes 13 han estado bien. Y cosas malas suceden otros días y cosas malas les ocurren a personas que nunca caminan bajo una escalera. Y hay algunas "supersticiones" que salen ciertas—o posiblemente ciertas. Por ejemplo, escépticos aseguran que la oración no tiene aparentemente ningún efecto—y que es una superstición. De hecho, puedes buscar en el internet y te presentarán "pruebas" que la oración no hace nada más que cambiar brevemente el estado mental de la persona que reza. Sin embargo, si buscas estudios científicos publicados en revistas acreditadas hay un buen número de estudios que muestran que la oración tiene un efecto benéfico. No es nuestra intención de influenciar a nadie en este argumento, pero sí muestra que algunas creencias pueden ser complicadas y cambiar las ideas de las personas acerca de la realidad de las creencias puede ser aún más delicado. En el ejemplo de la oración algunas personas aceptan los resultados mostrando que el rezar tiene un efecto benéfico mientras que otros no. La mayoría de las creencias tienen validez, al menos en algún momento, y en algunas circunstancias. Hay muchos dichos que la gente menciona demostrando esto. Por ejemplo, probablemente has oído el dicho, "Cuando hay humo, es que hubo fuego" ¿Es verdad? Indudablemente así es la mayoría del tiempo pero hay humo químico, y hay humo que se produce sin tener fuego para que intencionalmente esconda algo. Luego está el dicho, "Si parece un pato, camina como un pato y hace sonido de pato, es un pato". Es cierto la mayoría de las veces. En el año 1739 un Francés fabricó un pato mecánico y desde entonces muchos patos artificiales se han hecho que semejan al ave de caza. Se parecen a un pato, algunos caminan como un pato y otros hacen "quack". Pero no son patos, aunque algunos patos aparentemente si creen que son.

Falsas Creencias Vs. a La Verdadera Verdad

Una creencia es simplemente algo que aceptas como verdad, pero prácticamente todas las creencias tienen excepciones. Nuestras creencias y hábitos se forman de tal manera para ajustarse y manipular al mundo en que estamos. Creencias son las pautas que usamos para organizar nuestras vidas y determinar nuestro comportamiento. Son nuestra mitología. Para reafirmar de manera que lo hicimos previamente, las creencias son las prismas por las que ves al mundo. No puedes escapar del tener creencias. Nuestras creencias se relacionan con nuestra supervivencia.

Si quieres probar la exactitud de tus creencias, puedes empezar por hacer una lista de tus creencias más sólidas. Por ejemplo termina esta oración: "Yo creo que el Presidente Donald Trump..."

Para probar la exactitud de tus creencias del Presidente Donald Trump compara lo que escribes con 100 personas que han completado esa misma oración. No importa lo que escribas. Habrá algunas personas que totalmente estén en desacuerdo contigo. Ahora intenta convencer a las que escribieron lo opuesto de tí que lo que escribiste tú está bien y que ellos están mal.

Este es el objetivo relevante en todo esto. Muy pocas personas les importa lo que piensas o lo que crees—al menos que estés de acuerdo con ellos. Probablemente les importe solamente lo que ellos creen. Y el tratar de cambiar las creencias de alguien es usualmente un esfuerzo en vano. Lo más pertinente aquí son las creencias acerca de nosotros mismos, las personas con quien nos relacionamos y como vemos las circunstancias y situaciones que nos rodean. Puedes hacer una lista de las 10 cosas más importantes en que crees. Por ejemplo, intenta completar las siguientes oraciones:

1. Yo creo que soy:
2. Creo que mi punto más fuerte es:
3. Creo que mi mayor debilidad es:
4. Creo que mi meta más importante es:
5. Creo que la persona (s) más importantes en mi vida es (son):
6. Creo que mi empleo o carrera sería mejor si:
7. Creo que hay personas en mi vida que:
8. Creo que mi vida sería mejor si:
9. Creo que más gente debería de:
10. Creo que lo más importante en la vida es:

Claro que hay una gran diferencia entre creencias y hechos. Las creencias tienen excepciones pero los hechos no. Los hechos son reales o verdades verdaderas como lo nombraron los Nativos Americanos. En matemáticas simple uno más uno es dos. Siempre será dos sin ninguna excepción. La *verdadera verdad* es indiscutible. Las creencias pueden y si cambian, pero una *verdadera verdad* no. Algunas ciencias además de las matemáticas están muy cerca al determinar hechos, tan cerca que todos estamos de acuerdo que sus hechos son indiscutibles. Cosas como el punto de hervor del agua, la velocidad de sonido y distancias son cosas muy comúnmente mencionadas como hechos. Sin embargo, un grave problema es que muchos de nosotros confundimos creencias con hechos. La verdad acerca de otras personas y situaciones son muy delicadas y es cuando nos metemos en el campo de las creencias.

El término la *verdadera verdad* no es moderno, pero se ha hecho más popular desde principios de los años 2000. Ahora es cuando se está aplicando a sistemas de autoayuda y de coaching. En 2017 Meredith Atwood, la "Swim Bike Mom®" (La Mamá Nadadora y Ciclista) emitió una definición de la verdadera verdad al relacionarlo a como hacemos excusas: "La Verdadera Verdad –cuando llegas al lugar de la honestidad contigo mismo donde has eliminado todas las excusas, mentiras y culpas, mostrando los cambios y acciones que debes tomar para vivir la vida óptima que en realidad te mereces".

Contradiciendo tus Creencias y Extremos

Un ejercicio sencillo que todos nosotros deberíamos de hacer cuando una creencia nos está influenciando es retarla. Es decir, encuentra una excepción a la creencia. La manera más fácil de hacerlo es encontrar algo que contradiga la creencia más grande. Por ejemplo, vamos a imaginarnos que contestastes a la pregunta número 1, "Creo que soy honesto y muy abierto". Busca en tus recuerdos alguna vez cuando *no* fuiste honesto y abierto. Si de verdad te pones a pensar en tu vida te acordaras de una o dos veces que violaste esta creencia. Hay un dicho que se ha expuesto en diferentes maneras y una de ellas es, "si una regla tiene una excepción, la regla está mal." Así que la manera más apropiada para una persona decir que es honesta es, "Creo que fundamentalmente o usualmente soy honesto y una persona abierta". De las otras creencias que has enlistado, hay una manera sencilla de retarlos. Puedes pensar en excepciones o mejor piensa acerca de las cosas que haces que muestran que la creencia no es exactamente cierta. A lo mejor escribiste que creías que la persona más importante en tu vida es tu esposo (a). ¿ Puedes pensar en algo que hiciste que pudiera poner esta declaración en duda? ¿Pregúntate a tí mismo si esto es algo que harías o dirías a la persona más importante de tu vida?

Un tratamiento de enfoque en psicología y terapia se llama "Rational Emotive Behavior Therapy" (Terapia Racional Emotiva Conductual) o REBT por sus siglas en Inglés (Ellis 1957). Afirma que situaciones y sucesos no son la causa de las reacciones emocionales que tenemos. La "causa" de nuestras reacciones es cómo interpretamos los sucesos basados en las creencias que surgen como consecuencia de los sucesos. Son nuestras creencias que estimulan las emociones que nos llevan a nuestras reacciones. La conclusión a esta idea es simple y profunda: La raíz de muchos de nuestros arrebatos emocionales, comportamientos autocríticas y decisiones mal tomadas, son nuestras creencias extremistas. Son un conjunto de creencias "o todo o nada" y las demandas de otras personas que típicamente causan problemas. Cosas como, "Debo de ser perfecto", "No debo de molestarme"; o "Deberías de apreciar mis esfuerzos" son unos ejemplos. Creencias extremistas usualmente incluyen las palabras "deberías" "tener que", o son creencias que abarcan mucho como, "Todas esas personas son así".

El fundador de REBT, Albert Ellis, hizo una lista a la que llamó "creencias tradicionales". Son ideas que distorsionan la verdad de situaciones, no son emocionalmente sanas y son contraproducentes. Una de las ideas claves es que la creencia que una persona necesita ser amada y apreciada por todas sus relaciones significativas es irracional. Creencias irracionales causan problemas. Otra creencia irracional es que no está bien equivocarse. Otras creencias de autodestrucción es que es horrible o espantoso no tener lo que queremos, que la tristeza es causado por los demás o por cosas completamente ajenas a nuestro control, que el preocuparse del peligro es necesario, que resolvemos los problemas al evitarlos, que el pasado controla el presente, y que siempre hay una solución correcta a cada problema. Ellis y sus múltiples seguidores utilizaron estas ideas y muchas otras similares a éstas en su terapia. Muchos de nuestros problemas en la vida se relacionan a uno o más de nuestras creencias irracionales. Uno de los propósitos de REBT (Terapia Racional Emotiva Conductual) es de manisfestar estas creencias irracionales y ayudar a las personas de liberarse de ellas para poder tomar mejores decisiones.

Otra manera de ver a estas creencias irracionales es que muy seguido repetimos los mismos comportamientos autodestructivos una y otra vez basándonos en las percepciones e interpretaciones erróneas. (es la misma cosa que comportamiento supersticioso). Por ejemplo algunas personas actúan como el perro que persigue su cola. Por qué algunos perros persiguen su cola corriendo en círculos? El perro tiene una creencia falsa. Cree que puede de alguna manera alcanzar la cola y terminar la persecución. Sólo necesita correr más aprisa! El perro no ve la realidad de la situación y está involucrado en un comportamiento supersticioso. Comportamiento repetitivo basado en una creencia falsa es un comportamiento supersticioso. Lo mismo pasa con nosotros, a veces de manera sutil. Hay ejemplos relevantes que han sido citados frecuentemente en ciertos tipos de cuestiones sentimentales. Uno muy conocido es que los humanos tienden a tener atracción física a cierto tipo de personas. Algunas personas se involucran en relaciones abusivas una y otra vez. ¿ Por qué? Es como un perro que quiere alcanzar su cola pero con consecuencias más severas. La persona piensa, "A lo mejor esto no pasará otra vez". Pero ese pensamiento está basado en creencias falsas, no solamente hacia otras personas pero también de uno mismo. La vida está llena de creencias falsas que nos llevan a resentimiento y el sentir que somos tratados injustamente. Por ejemplo, muchas personas creen que si hacen un buen trabajo se les va a promover. Pero el hacer un buen trabajo está relacionado a tener seguridad de empleo—mantener tu empleo. Lo cierto es que investigaciones nos dicen que el resolver problemas y mostrar la habilidad de hacer más se relaciona a ser promovido.

Muchos de nuestros hábitos negativos, como el abuso crónico de alcohol y el abuso de drogas, son ejemplos humanos que tienen parecido al perro persiguiendo la cola. Como seres humanos nos involucramos en el uso de drogas y alcohol como una manera de afrontar o manejar cuestiones profundas. Si dices, "el tomar me ayuda a relajarme y divertirme", estas diciendo que te ayuda afrontar la situación. Las drogas y el alcohol te pueden dar alivio momentáneo. Eventualmente la realidad vuelve y la necesidad de calmar el verdadero problema regresa. A través del tiempo el uso de substancias se vuelve hábito y el problema empeora por lo que hacemos para calmar los problemas que pasan por el comportamiento negativo de cómo afrontamos las cosas. El beber demasiado o muy seguido causan varios problemas que son directamente creados por el uso habitual de alcohol. Bebiendo más alcohol alivia esos problemas temporalmente pero empeora a través del tiempo. Otro ejemplo de un hábito negativo de manejar situaciones es el de "gastar demasiado". Hay personas que responden a sus deudas comprando más cosas. Algunas personas salen de una mala relación y se meten en otra. Hay un sin fin de ejemplos. Intenta pensar en algo que has hecho una y otra vez teniendo los mismos resultados no deseados.

Como ya mencionamos, eres un producto de tu pasado, una creación formada de una combinación hereditaria y de sucesos de tu niñez. Después añadiste experiencias de tu vida. Todas estas cosas aparte de sin- fin de decisiones, te han hecho quien eres. Pero eres una creación. El pasado no te controla. Si te influye, pero el grado de esa influencia depende de tí. Un método para demostrar cómo nuestro pasado no nos controla se usa en tratamientos para alcohólicos. Algunos de ellos dicen que toman porque son alcohólicos. El otro lado es que son alcohólicos porque toman. En unos métodos que se usan en tratamientos se les pide que levanten sus brazos hacía arriba y abajo. Y se les da un vaso. Luego se les pide que lo pongan en la mesa. Controlan sus manos y pueden poner el vaso en la mesa cuando quieren. El beber alcohol requiere que pongas el vaso o botella en la boca. Puedes controlar tus manos y se puede poner el vaso en la mesa si quieres. Bebiendo de manera crónica y demasiado te puede transformar en alcohólico, pero puedes controlar tus manos. De hecho, hay un aforismo poco conocido que dice que hay muchos ex-alcohólicos. Centros de tratamiento no les gusta reconocer que la mayoría de *ex-alcohólicos* dejaron de tomar por sí mismos sin tratamiento. ¿Como le hicieron? Dejaron el vaso e hicieron una decisión consciente de no volver a recogerlo. Cómo percibimos e interpretamos las cosas tiene mucho que ver con nuestra felicidad. Cuanto poder les das a tu creencias puede estar bajo tu control.

Porqué no Cambiamos

Un verdadero problema en tomar mejores decisiones proviene de una tendencia básica humana. *Tendemos a evitar todo lo que no sea placentero y muy seguido tomamos el camino de menor resistencia.* Parte de esto es por nuestras creencias. ¿Recuerdas el ejemplo anterior de cómo unos vecinos que vivían cerca del río que estaban limpiando decían que el ruido era "horrible", "terrible", y "debería de interrumpirse"? Entre más se enfocaban en lo que ellos percibían en lo injusto de la situación peor se sentían y más severas se convertían sus reacciones. Entre más ponían atención al ruido peor—se oía según ellos. Creían que las medidas que estaban haciendo en el río era una ofensa personal dirigida a ellos que no se merecían y era ilegal. La realidad de la situación es que era inevitable. La limpieza se hace cada 5 a 10 años. Si decides vivir cerca del puerto de un río que tiene una barcaza en ocasiones habrá ruido. ¿Si la gente que vive cerca del río no sabía de esto quien es culpable? La verdad es que la respuesta es que nadie es culpable. Nadie tiene la culpa en esta situación. Nadie puede saber todos los detalles en todas las circunstancias que se encuentran. Es la realidad de la situación. Las cosas cambian, la entropía es verdadera. ¿Así que en lugar de pensar que es horrible e injusto, por qué no verlo como molesto pero un suceso transitorio? Y porqué no verlo como una oportunidad educativa? Tales cosas suceden todo el tiempo en la vida. Un sin número de gente que fue despedida o hubo reajustes en sus empleos inicialmente lo vieron como un desastre pero después se dieron cuenta que fue lo mejor que les hubiera podido pasar. Algunas personas decidieron seguir estudiando. Unos comentaron que esto los llevó a un trabajo que siempre habían querido hacer. Y unas personas encontraron su "camino verdadero" en su vida después de que les pasó algo aparentemente no fue bueno.

Considerando las creencias que te restringen y que seguido controlan tus emociones y sentimientos requiere que indagues más profundo. Tienes que llevar a cabo algo que los arqueólogos llaman excavar. Tienes que excavar en tí mismo y encontrar la creencia clave que estimule ciertos sentimientos y los impulsos. Luego examinas lo cierto de esas creencias, sus exageraciones y si se puede de donde provienen.

Problemas Recurrentes

Una manera de empezar hacer la autoexploración de tu sistema de creencias es haciéndote una pregunta. La cual es: *"¿Cuales son los problemas y cuestiones que surgen una y otra vez en mi vida?"* Pueden ser falta de dinero, carencia educativa, te comprometes demasiado, abuso de substancias, ira, depresión o patrones que se repiten en relaciones. Luego establece las creencias que tienes acerca de estas situaciones y retalas. Hay un sin fin de creencias que tenemos de nosotros mismos que pueden llevar a cuestiones o problemas en la vida. Por ejemplo, si tienes una autoestima baja puedes hacer una lista de las creencias que tienes de tí mismo qué crees que causaron una baja autoestima. Tal vez eres tímido. ¿Si es así, qué creencias tienes acerca de tu timidez? Hay la posibilidad que si haces una lista de cuestiones que te han estado molestando, de alguna manera se relacionan con tus creencias. Una vez que identifiques las creencias específicas, puedes evaluar que tan ciertas son. A menudo serán una exageración. ¿Cómo lo puedes saber? Muy fácil. Vete a tí mismo de manera realista y encuentra una excepción a la creencia que estás examinando. Si eres tímido o tienes una baja estima, piensa en algunos ejemplos donde superaste tu timidez. Si te ves como un fracaso piensa en cosas que has tenido éxito o que has hecho bien. ¿Puedes pensar en algo que te hizo sentir bien de tí mismo? Hay mensajes genuinos en las excepciones de tus reglas y creencias también pueden ser reglas para nosotros mismos.

Estamos enfatizando que—y solamente tú—debes de estar en control en cómo experimentas la vida. Tienes que estar consciente y aceptarlo. Tienes que empezar a ver la realidad cómo es y luego aceptar la responsabilidad de como intentas controlarla y experimentarla. Permitenos decir algo claramente que se relaciona al ejemplo anterior. De manera profunda y muchas veces inconsciente, todos le tenemos miedo al rechazo. No hay muchas personas que les guste que se rían de ellas. En varios niveles todos escondemos dudas acerca de nosotros mismos. Hay personas que actúan de manera extrovertida y para compensar esto, aparentan no tener miedo de ser rechazado. Y hay otros que caen en el miedo y se comportan de manera tímida. Es un secreto simple y es que todo es una actuación. Si constantemente actúas como si no fueras tímido, entonces no lo eres. Si actúas como si fueras tímido, lo serás. Tienes que reconocer la conección entre tus creencias y sentimientos para que tengas la opción de elegir en situaciones.

Ignorando el Sistema

Una parte del proceso del retar tus creencias es aceptando—o tomar la decisión de aceptar—lo que se te ha dado en la vida. Esto incluye tu aspecto, atributos físicos, influencia genética, antecedentes familiares y otras cosas básicas como la inteligencia. Así que no hay nadie a quien culpar. Así eres tú. Puedes mejorar en cualquier carencia que piensas que tienes, pero es importante que por lo menos las reconozcas. Un ejemplo sencillo es en la atracción física. Debes de vestirte lo mejor que puedas y dar la mejor impresión, pero hay ciertos elementos básicos. El aspecto sí importa. Psicólogos han demostrado que la gente tiende a creer que las personas físicamente atractivas tienen muchas otras cualidades deseables. También es bien sabido que el ser atractivo físicamente juega un papel grande al estar saliendo con alguien y en relaciones. No es siempre es la característica más importante que influye a los demás, pero es comúnmente lo que se observa. También reconocemos que tendemos a desarrollar relaciones con otros que están en el mismo círculo de atracción física. Lo mismo se puede decir acerca de la inteligencia. Hay una razón porqué personas excepcionalmente inteligentes tienden a tener relaciones con personas que son inteligentes. El punto principal aquí es entender y aceptar. Así son las cosas en este mundo. La justicia no importa. Lo que importa es lo que es. Aceptalo y sigue adelante. Toma en cuenta que hay muchas maneras las cuales la gente se presenta a sí mismos. Es normal. Y el actuar de manera que quieres puede ayudarte a ser lo que quieres ser. Además lo que más importa es lo que controlas en tus interacciones con los demás y el mundo en que vives. *Sólo tú puedes controlar lo que haces.* Hay algunas cosas que simplemente no puedes controlar. Es la resistencia a la realidad que causa nuestro dolor y nuestras luchas. El resistir la realidad puede ser percibido como tratar de controlar cosas que no puedes ni debes controlar. Parte de aceptar la realidad del mundo es entender que lo que deseas no se puede obtener a través de juegos de manipulación. Ocasionalmente puedes obtener lo que quieres, pero a la larga, cuando lo haces un juego de manipulación, pierdes lo que más quieres, y el participar en estos juegos te cambia de manera indeseable. En los años setenta un gurú de autorrealización nos dijo que la vida es un "juego". No hay duda que la gente juega unos con otros al competir por las cosas que desean, pero la idea típica de un juego implica un perdedor. Tal vez la vida es un juego. Pero si lo es, es un juego que tiene consecuencias de largo plazo entre más estemos involucrados. Vamos a regresar a la idea de la vida como un juego en el capítulo final.

CAPÍTULO 7

Evalúa Creencias, Elige y Haz
La Magia del ABCD

Hay varias estrategias designadas ayudar a personas hacer decisiones efectivas en su vida. Algunas son muy complejas mientras que otras son muy simples. Pensamos que es mejor hacer las cosas de manera sencilla. Hay varias razones para esto, pero la razón más importante es muy simple. En el momento que estás decidiendo que hacer, hay muy poco tiempo de considerar todo lo que se debe. Como hemos mencionado varias veces, la mayoría de nosotros tomamos decisiones al momento usando nuestro instinto. El instinto está basado en nuestras preferencias inconscientes, experiencias pasadas y creencias. Pero todo es inconsciente el cual quiere decir que no estamos conscientes de las cuestiones que nos afectan. Si recuerdas la idea de "comportamiento supersticioso" entenderás el concepto. El comportamiento supersticioso se basa en la creencia falsa que maneja nuestras respuestas. Así que ésta es una verdad profunda. Probablemente todo lo que identifiques como una "creencia" tiene un lado que es verdad y otro que no. Otro ejemplo sencillo demuestra esta idea.

Nos enseñaron que necesitamos tener una buena educación para tener éxito en la vida. Y entre más educación tenemos más éxito podríamos tener. Nosotros mismos hemos expresado esta creencia a otros y lo hemos aceptado como verdad. ¿Es esta creencia cierta?

Si. Y también no.

En general ha sido cierta para nosotros—y muchos más. Investigación confiable muestra que entre más alto el nivel de educación una persona tiene tendrá un ingreso más alto. Sin embargo, hay personas que han sido exitosas sin haber ido a la Universidad. Por otra parte sabemos de muchos individuos que obtuvieron títulos de posgrado y admitieron que los títulos no juegan un papel en tener éxito. El primer autor dió clases en la Universidad por unos cinco años y conoció a unos estudiantes que creen que el obtener un título o certificación en terapia de algún modo les garantiza su éxito. El título les pudo haber ayudado abrirse paso en un empleo. En otras palabras, el título ayudó a crear oportunidad para una entrevista pero después depende del individuo de llenar los requisitos del puesto y tener éxito en el empleo ya que lo contraten. Algunos de estos individuos tenían deudas muy altas cuando terminaron la escuela y creían que tenían la capacidad para entrar al "mundo real". En resumen, la creencia acerca de que la educación es el camino al éxito tiene mucha verdad en ella, pero aún hay algunos errores y excepciones. El resultado de tener educación está en las manos del individuo. Es por eso que es una simple creencia y no una verdad. No es la "verdadera verdad". Aún muchas de nuestras decisiones se toman en base a la creencia, y lo que creemos nos puede tender una trampa.

Lo que encontrarás aquí es un proceso sencillo para ayudarte a desprenderte si te sientes atrapado en tu vida o en tu rutina de todos los días. Si no hay sentido en tu vida y te sientes que no hay esperanza, o te sientes abrumado, creemos que puedes encontrar la salida. Hallarás una manera de encontrar a tu yo verdadero, encontar tu propósito y desarrollar la sabiduría, fortaleza y el valor de aprovechar lo que la vida te ha dado. Tienes un camino—una manera de vivir la vida que te da libertad y la oportunidad de ser lo mejor que puedes y experimentar la felicidad al mismo tiempo. Lo que presenta éste capítulo es un proceso sencillo A, B, C, D que se puede aplicar al evaluar situaciones, tomar decisiones y luego proceder.

Usando A B C D

La Terapia Racional Emotiva Conductual de Albert Ellis utiliza la metodología del ABCD para ayudar a personas a que tomen mejores decisiones. Es un buen método pero requiere de tiempo y decisión. Se utiliza generalmente al tratar *patología*—problemas severos en la vida y varias enfermedades mentales. Lo que presentamos aquí es una mejor alternativa la cual llamamos ABCD y puede usarse en situaciones cotidianas. ABCD es un proceso simple de cuatro pasos que es usado para evaluar situaciones y hacer decisiones basadas en la información que está disponible. El proceso inicia evaluando la situación y retando a tus creencias, tomando una decisión de lo que puedes hacer y luego hacer lo que decidiste. Si tu decisión funciona, que bien. Si no, repites el proceso una vez más. El método es un marcado contraste de cómo las personas usualmente van por la vida. La mayoría de nosotros reaccionamos a cosas de manera automática basada en las creencias que surgen en las situaciones. Antes de presentar éste método hay una pieza de información muy relevante que sentimos que es necesario discutir acerca del proceso de tomar decisiones.

Toma de Decisiones de Manera Automática
Nuestras Decisiones Son Tomadas Antes de Saberlo

Una gran verdad acerca de cómo los humanos toman decisiones ha sido descubierta en investigación de biología y psicología: que somos robots biológicos—máquinas reactivas. Todo lo que hacemos y sentimos viene de una interacción compleja que es casi automática. Nuestras percepciones son filtradas a través de nuestras creencias y procesos bioquímicos dentro de nuestras conexiones en el cerebro. Podemos ignorar nuestras reacciones al dirigirnos a ciertas áreas de nuestro cerebro pero es un proceso complicado que depende de muchas cosas como: nuestras experiencias previas, nuestras creencias, nuestros hábitos, nuestra genética y el desarrollo relativo de varias áreas en nuestro cerebro. Mientras muchas personas se sienten orgullosas de ser razonables y racionales, sí de verdad evalúan todas las cosas que hacen cada día, se darán cuenta que la mayoría de las cosas que hacen son solo reacciones a las situaciones. Estas reacciones restringen nuestras opciones y no nos permiten entender que lo que de verdad guíin nuestro comportamiento son impulsos inconscientes y creencias arraigadas.

Antes de que empecemos al proceso ABCD tenemos que hacer una fuerte afirmación pero tal vez difícil de entender acerca de como la mayoría de nuestras decisiones son hechas de manera automática e inconsciente. Esperamos que puedas entender el significado de esto. En el año 2008 un estudio de seguimiento de resultados de una investigación fue publicada en una revista *Nature Neuroscience* (Soon, et a., 2008). El estudio creó una ráfaga de más estudios de seguimiento de investigación que esencialmente confirmaron los resultados. La investigación evaluó la toma de decisiones. No evaluaba el tipo de reacciones instantáneas que tenemos que hacer al manejar, pero vió el tipo de decisiones que hacemos después de considerarlas. El estudio empleó tomografías de resonancia magnéticas de cerebros de personas que enfrentaban decisiones que tenían que hacer conscientemente después de presentarles varias alternativas.

Lo que el estudio descubrió es que al enfrentar dichas decisiones el cerebro realmente procesa la situación automáticamente y que *no estamos conscientes* de lo que está pasando. Antes del momento que "pensamos" ya hemos decidido algo, la decisión ya se tomó inconscientemente.

Las tomografías del cerebro mostraron áreas del cerebro que tomaron la decisión y el resultado fue predecible y visible a los investigadores que estaban viendo la resonancia magnética—***antes de* que la persona supiera la decisión que había tomado.** Es decir, la persona que estaba tomando la decisión no estaba consciente que ya había tomado esa decisión, aunque ya los investigadores viendo la resonancia magnética podían ver la decisión. Esto parece muy contrario a lo que creemos de nosotros mismos, pero es verdad.

Esto es lo que realmente quiere decir. Unos siete segundos antes de tomar una decisión conscientemente, la decisión probablemente ya fue tomada por medio de procesos inconscientes en tu cerebro. Es como si el cerebro te manda una señal con esa decisión y tu simplemente la aceptas, sin cuestionar que tú de alguna manera llegaste a una conclusión. Algunas personas han mencionado que esto es evidencia de que realmente no tenemos nuestra propia voluntad, que la voluntad es una ilusión. De alguna manera esto es cierto, porque mucho de lo que hacemos es de manera inconsciente y automática. Hay una área obscura y turbia en el cerebro que toma muchas decisiones y luego nos manda la decisión a nosotros para que estemos consciente de ella—y sólo la aceptamos. Esto es un ejemplo muy común. Piensa por un momento la atracción física que tienes por una persona. Típicamente sabemos en unos momentos si nos atrae o no. Es automático. Esencialmente una parte muy honda en tí sabe si te atrae esa persona antes de que lo sepas conscientemente. Estos resultados han sido confirmados por investigaciones una y otra vez.

Pero no somos máquinas. Podemos anular estas decisiones automáticas. Esto es lo que el proceso ABCD dice.

Valorando la Situación

Para ver el proceso ABCD, veamos la situación de Anna y lo desdichada que es (capítulo 4). Es un dilema complejo y uno que toma cierto tiempo de discusión. Después veremos como manejar situaciones que requieren de una decisión rápida, pero por ahora nos quedaremos con las que requieren un poco más de consideración. La situación de Anna es más global y crónica y es bastante común.

Al evaluar las creencias se empieza por clarificar las partes clave de una situación y hacer una lista de las creencias que tienes acerca de cada parte. En la situación de Anna ella empieza por hacer una lista de las personas y las cuestiones que menciona durante las sesiones. Al nombrar cada persona y el conflicto, las creencias de cada una de estas se discuten. En el caso de Anna las creencias acerca de su esposo y la situación incluyó su falta de ambición, su frustración sexual, falta de intimidad, su hija y la responsabilidad que siente por ella, su empleo, y una sensación de estar estancada en su vida. Esos son los componentes primarios de la situación de Anna. Evaluando las creencias relacionadas a una situación compleja requiere que estos elementos sean organizados de tal manera que tengan sentido. Como mencionamos, los humanos tienen una tendencia muy fuerte de organizar las cosas y de intentar entender el sentido de ellas. Así que el principio de organizar y evaluar es el describir estas cuestiones de tal manera que muestren el nivel de importancia de cada uno—dándoles prioridad.

En situaciones complicadas como esta no hay mejor manera de evaluar las creencias que escribiendolas. Si uno tiene el tiempo una manera muy eficiente es de hacer un dibujo donde se pueda ver todo. Es mejor usar toda una página completa al hacer esto y siempre dibuja con un lápiz o pluma y no en una tableta de computadora. La razón por lo que te recomendamos esto es que al dibujar con tus manos estimula muchas áreas de tu cerebro. El dibujar con tu mano y una pluma o lápiz involucra más áreas del cerebro que haciéndolo en una pantalla con tus dedos. Entre más área del cerebro uses, puedes tener acceso a las creencias inconscientes.

Enseguida hemos proporcionado un dibujo sencillo que organiza los puntos claves de Anna. Anna está en el centro del dibujo y todos los elementos claves están en círculos o burbujas que la rodean. Para resumir el proceso de asesoramiento, los elementos claves de una situación primero se identifican, luego se organizan de manera significativa, y después se representan en papel.

Cuando al principio comentó su situación de manera detallada, Anna dijo que ya había evaluado su problema. Su decisión inicial fue que la única manera de solucionarla era el divorciarse. Veía su situación sin esperanza. Lo que su terapeuta percibió inmediatamente fue que ella había tomado la decisión basada en un instinto de "defensa o escape". Ella había decidido por lo menos de manera consciente el huir. Pero en el fondo su inconsciente ya había tomado la decisión que no podía hacerlo. En lugar de ello, la decisión se fue a la tercera acción en "defensa o escape" que muchas personas nunca han escuchado: "congelarse". Cuando Anna inició terapia era claro que estaba congelada, se puso un alto total aunque inmediatamente comentó que quería divorciarse. La verdad es que la mayoría de las personas que enfrentan decisiones grandes han hecho una evaluación preliminar. Muchas de nuestras asesorías iniciales son automáticas y basadas en factores inconscientes—las cosas de las cuales no estamos conscientes. Estas evaluaciones rápidas típicamente implican placer y dolor y buscar una sálida fácil—una camino de menor resistencia. Pero lo que debe de pasar es que una persona debe de ver muy bien y de manera honesta a sus creencias. Como hemos ya mencionado, parte del proceso es retar a cada creencia. Esto debe de hacerse en el mismo papel que se usó para la evaluación. Así que enseguida de cada elemento que se menciona en el dibujo está una creencia. Aquí están las creencias primordiales de Anna como las escribió en su dibujo:

Retando las Creencias

Después de cada creencia clave se cuestiona cada uno que es el paso final para asesorar tus creencias. Simple y sencillamente quiere decir que *vamos a tener un motivo porqué cada creencia no es precisamente correcta ni exacta.* Lo que necesitas entender con este proceso desafiante es que *tenemos una tendencia a exagerar al citar nuestras creencias.* Nos inclinamos a pensar que las cosas son "o todo o nada", cuando en realidad son parcialmente ciertas. Para Anna, una de sus creencias era que su esposo no tenía ambición. Pero estaba en la escuela de posgrado para obtener su maestría! En resumen, es claro que tenía algo de ambición. También estaba trabajando de tiempo completo. El comentario de Anna que no tenía ambición era una exageración.

Anna también mencionó su frustración sexual. Al desafiar esta creencia se dió cuenta que no *siempre* estaba frustrada con su esposo. Las cosas empezaron a cambiar después de que se casaron. Se sentía frustrada *ahora* pero el sólo hecho de darse cuenta de que un hijo en sus vidas había cambiado las cosas la hizo recapacitar y que podían resolver el problema. También su frustración sexual se debía a la falta de intimidad en su relación. Inmediatamente vió que estaba relacionado con la frustración sexual, las discusiones y el silencio entre ellos. Ella se había desconectado íntimamente como ella percibía que él lo había hecho. Esto la hizo darse cuenta que sus creencias de ser completamente responsable de su hijo estaba afectando su relación con su esposo. El sentido de responsabilidad no estaba mal pero si tuvo que ver en que se desconectara de su esposo. Finalmente se analizó la insatisfacción con su trabajo y el sentir que no estaba llegando a nada. Lo único que podía desafiar en esa creencia es que sí estaba llegando algo en su vida aunque no fuera precisamente donde ella quería llegar. Era claro que ella había decidido tomar ese camino, el camino de ser madre para su hijo y que el empleo que aceptó fue el camino de menos resistencia. También mencionó la creencia que sus padres estarían avergonzados de ella si se divorciara y que temía perder lo que tenía. Pudo darse cuenta que la desaprobación de sus padres podía ocurrir pero sólo sería temporal. También comprendió que un divorcio no quería decir que lo perdería "todo".

Argumentando o desafiando cada una de estas creencias ayudaron aclarar todos los pensamientos dando vueltas en su cabeza, problemas que le causaban angustia y confusión. (Recuerda que en situaciones emocionales tendemos actuar automáticamente. La tendencia automática de Anna era de evitar problemas y hacer lo más fácil). Usando este proceso sencillo Anna se dió cuenta que todo en su situación se había desarrollado por sus propias decisiones, y al darse cuenta le ayudó a ver las cosas claramente. Las evaluciones de los desafíos a sus creencias se mencionan en la siguiente página.

No estoy hacienda nada.
• estoy haciendo algo lentamente.
Estoy atrapada en este empleo.
• yo elegí éste empleo. Y puedo elegir cambiar si es que me aburro.
Me siento atrapada por mis responsabilidades.
• Quería casarme, tener bebé y tener este trabajo porque es conveniente.
• Me gusta ser madre, tener esposo, y trabajar, a veces o la mayoría del tiempo.
Le falta ambición.
• No es cierto, está yendo a la escuela y trabajando tiempo completo.
Nos falta intimidad los dos creamos esto por nuestro mutuo silencio.
• A veces nos reímos y nos la pasamos bien.
No puede satisfacer mis necesidades.
• lo ha hecho antes y lo hace cuando nos sentimos cerca uno del otro aunque esto no es muy seguido.
• Lo pudiera hacer si lo dejara intentar.

Eligiendo

Después de analizar la situación y desafiando las creencias principales relacionadas a ésta, las decisiones de Anna eran obvias. Cuando al principio fue a terapia Anna ya había decidido conscientemente que su única opción era dejar la relación—de divorciarse. Eso para ella era la mejor alternativa. De hecho era aparente que empezó terapia para que de alguna manera la animaran a que se divorciara pero algo en ella no la dejaba hacerlo. (recuerda que todos tenemos una parte profunda e inconsciente que ejerce una poderosa influencia en nosotros). Sin embargo el divorciarse tenía consecuencias que no estaba dispuesta aceptar. Al ver y retar sus creencias se dió cuenta y aceptó que tenía otras opciones. No es necesario revisar todas, pero diremos lo que decidió eventualmente y fue una decisión que hizo rápidamente después de completar esta parte del proceso.

Una de las cosas que se dió cuenta y lo admitió abiertamente es que había discutido y se quejaba con su marido siguiendo un periodo de silencio. Como respuesta similar a la suya, él evitaba contacto y discusiones serias con ella. Ella era parte del problema y se dió cuenta que era necesario tener varias discusiones sinceras con su marido. Tomando en cuenta todas las alternativas planeó que sus padres cuidaran a su hija mientras que ella y su esposo se iban de viaje por un fin de semana donde estuvieran solos y pudieran hablar sin ninguna distracción. Su esposo de buena gana estuvo de acuerdo. Ya estando ahí planeó decirle todo lo que había estado pensando, sintiendo y creyendo. Llegó a la conclusión que quería intentar salvar su matrimonio y que no había estado comunicándose abiertamente con su esposo. Incluso decidió mostrarle sus dibujos.

No vió esta decisión como última alternativa, sabía que era sólo el comienzo. Sabía que tendría que hacer más cosas. Por ejemplo admitió que estaba en un trabajo que era muy fácil y no le presentaba retos, ni mejoraba o podía usar sus habilidades. Era sólo una solución "temporal" que había escogido después de que su hija naciera porque era conveniente. Sabía que no había llevado a cabo la decisión de continuar con su carrera después de que el cuidado del bebé fuera menos. Tomó el camino fácil, pero esa decisión hizo que todo lo demás se volviera una costumbre. Había creado una rutina en su vida que resentía. En su última sesión mencionó que había aceptado otro empleo, uno que ofrecía retos y muy divertido, y que le permitía usar sus talentos.

Hay una última cosa que necesitamos presentar en el proceso de ABCD. Ha sido mencionado un par de veces anteriormente pero no lo hemos puesto en este contexto. Es que cuando estas tomando decisiones las "dos reglas" deben ser tomadas en cuenta. Primero, no hagas daño. Segunda, haz lo mejor que puedas con los recursos disponibles en la situación. Anna no quería hacerle daño a su hija, a sí misma o a su esposo. Además ella decidió usar todos los recursos que tenía y tomar una decisión bien informada acerca de su situación.

Llevarlo a Cabo

El último paso en el proceso es llevar a cabo lo que decidiste. Debes de seguir adelante. Ya que te decidiste tienes que actuar. Haz un plan de cómo lo vas hacer y hazlo. Tal vez tu decisión funcione. ¿Pero que si no funciona? Es simple, repite el proceso ABCD. Evalúa la situación: Reta las creencias; toma una decisión, y luego haz lo que decidiste. El hacerlo es donde la gente frecuentemente se detiene. La mejor decisión no es usualmente el camino de menor resistencia o más fácil y el seguir adelante es incomodo al principio.

En Un Momento de Ira

A veces, y de repente pasan cosas malas. Tan rápido que nos inclinamos a reaccionar. Así que aquí está un ejemplo de cómo se puede usar el proceso ABCD. Muchos de nosotros hemos estado manejando cuando un carro se nos atraviesa y pudo haber causado un accidente. La mayoría de la gente reacciona rápidamente con un arranque emocional. En algunos casos esta reacción puede ser el principio de un incidente violento. Cuando esto sucede es posible que te entrenes a tí mismo de no hacer caso a tus reacciones emocionales. Puedes empezar por evaluar la situación y percibir las primeras creencias que surgen. Los elementos en la situación son tú, los pasajeros que llevas, el otro conductor y tu alrededor. Luego están tu creencias. Uno de ellos es muy a menudo "esa persona lo hizo intencionalmente". A lo mejor es verdad sin embargo puedes retar esta creencia con las ideas "a lo mejor no me vió", "tal vez esté enojado", "A lo mejor fue un descuido". Otro reto sencillo puede ser. "¿Y que?" Aún cuando la otra persona lo hubiera hecho deliberadamente el reto a la creencia puede ser la misma, "Y que". No importa ya pasó y nadie se lastimó. Olvidalo y sigue adelante.

Otra manera de retar la creencia es llevarla al extremo. Crees que el conductor que se atravesó manejaba buscándote y esperando a que pudiera atravesarse? Probablemente no. Estabas allí en ese momento. Lo importante de hacer en el momento de enojo es darse cuenta de la creencia que estimula tus emociones—el momento cuando aparece la creencia. Puedes entrenarte a tí mismo hacer esto. Entre más practiques el retar las creencias y las reacciones que parece que surgen de repente, más fácil será.

Otra creencia que surge muy seguido en estas circunstancias es que buscas una manera de vengarte. Puedes pensar "no puedo dejar que se salga con la suya". Pero puedes desafiar esto con el solo pensar, "Si, si puedo". La idea que de alguna manera puedes extraer venganza o desquitarte es simplemente inmaduro, imprudente y te derrotas tí mismo. Aún más importante puede ser autodestructivo, el cual es una cuestión de la cual hablaremos ampliamente después. También puedes retar tus creencias al pensar en circunstancias del pasado cuando hiciste algo imprudente o sin cuidado al manejar. Por ejemplo, la mayoría de las personas que leen esto han usado un teléfono celular al manejar y se encuentran desviando al carril equivocado. Si retas las creencias que surgen en cualquier situación que enfrentas, tus decisiones racionales en la situación se volverán más claras. Las reacciones típicas que la gente tiene al manejar es tocar el claxon, acelerar y gritarle a la persona, rebasar y meterse en tu carril, o muchas otras reacciones peligrosas. Pero tu tienes la habilidad de negarles poder a estas creencias haciendo un asesoramiento rápido y racional. Este asesoramiento es que *ahorita estás bien*. Después de este momento hacer algo, reaccionar o tomar represalias tiene el potencial de causar daño a tí mismo o a los demás. Muchos accidentes pasan debido a incidentes violentos de tráfico. ¿Vale la pena actuar debido a tus emociones y creencias irracionales y lastimarte o lastimar a tus pasajeros? ¿Vale la pena ir a la cárcel o algo peor por manejar de manera imprudente? Recuerda no hagas el mal y haz lo mejor que puedas con los recursos que tienes. Entre más practiques esto más fácil será. Puede convertirse en un hábito automático que puedes crear y controlar. Evaluando las creencias te ayudarán a tener control sobre las emociones que surgen cuando permites que el instinto te controle. También tienes que darte cuenta que hay otras opciones racionales en estas situaciones. Puedes enfocarte en la respiración, orar un poco, o poner tu atención en algo más. *Tu decides* la acción más racional y efectiva que hagas. Olvidarse de estas cosas y enfocarte en tu propia vida es con frecuencia la mejor opción. Una pregunta que te puedes hacer en ese momento es, "¿Cómo mejorará la situación con la decisión que tome?"

Aquí hay un simple ejemplo de practicar el método ABCD en una situación que muchos de nosotros hemos enfrentado. Estos tipos de situaciones suceden repentinamente y tienen consecuencias severas y trágicas si no tomas en cuenta tus sentimientos y reacciones. Una mañana, uno de los autores estaba manejando a la iglesia con dos pequeños hijos. El autor no prestó atención y se acercó mucho a una camioneta en frente de él, el cual conducía un hombre. El hombre se detuvo de repente salió de la camioneta y se dirigió al carro del autor. El autor bajo su ventana y de inmediato se enfado con el hombre que repentinamente frenó dejando muy poco espacio para que pudiera darle la vuelta y dejar la situación. El hombre empezó a gritar y maldecir acercándose más a la ventana y apuntando el dedo. Instantáneamente el autor empezó a responder de la misma manera alzando la voz. Esto solo enfureció más al hombre así que el autor empezo asesorar la situación. La creencia que el autor tenía es que este hombre no debería de bloquear su carro y amenazarlos, sin embargo, no importa lo que el autor creyera, era claro que este hombre estaba mentalmente inestable y a punto de explotar. El hombre no conocía al autor así que esto no era personal, el autor sólo estaba en el lugar equivocado a la hora equivocada. Además el autor sabía que si esto escalaba podría suceder una altercado o peor aún si el hombre traía una pistola. Las consecuencias de estas decisiones eran mucho más grandes que la necesidad del autor de estar en lo cierto, especialmente si consideraba a los dos niños inocentes que estaban asustados viendo todo del asiento trasero. Al autor decidió bajar la intensidad de la situación. El autor muy calmadamente le dijo al hombre en tono normal que la familia iba a la iglesia y que nadie quería causar problemas. El hombre continuó gritando pero el autor no respondió así que el hombre se dirigió a su camioneta y se fue. Durante el acontecimiento el autor asesoró y desafío la creencia acerca de las acciones del conductor, escogió una manera diferente de comportarse para bajar la intensidad de la situación e hizo lo que escogió hacer. Resultó en que ni el hombre, el autor o los niños fueran lastimados. Una cosa muy importante de entender es que todo esto pasó en poco tiempo. Si has practicado el método ABCD puedes entrenarte hacer el asesoramiento y los desafíos de manera rápida. Las opciones pueden ser muy claras y te guíaran a tomar decisiones más racionales.

Usando el ABCD con las Críticas Verbales

Veamos como el proceso ABCD puede usarse en situaciones no tan amenazantes y más comunes. Una experiencia que muchos de nosotros experimentamos es lo que se puede considerar como críticas verbales que recibimos de compañeros de trabajo y a veces de personas que más queremos. El ABCD puede aplicarse a cualquier situación. El asesoramiento involucra a la otra persona, nuestros sentimientos y demás personas que están involucradas. Si esto es algo que te sucede frecuentemente entonces puedes empezar a asesorarlo y escribirlo ahora mismo. Empieza por dibujar una situación reciente cuando alguien te dijo algo que te hizo enojar o estimular tus emociones. Haz una lista de las creencias que surgieron de esta situación. Luego desafía cada creencia. Si haces este ejercicio simple verás tus opciones surgir rápidamente. Dependiendo en el resultado que deseas, habrá buenas opciones racionales. A veces la mejor respuesta es sólo sonreír, asentir con la cabeza, y decir "está bien". Pero una vez que escojas una respuesta llévala a cabo. No estamos diciendo que no te defiendas estamos—diciendo que de manera consciente escojas tu forma de responder a estas cosas en lugar de reaccionar de manera inconsciente. Recuerda la pregunta que hicimos anteriormente y úsala como guía al usar el método ABCD: *¿Como mejorará las cosas mi decisión? Luego piensa en las dos reglas.*

Hay Muy Pocas Opciones Perfectas en la Vida y El Camino de Menor Resistencia

Una realidad que es frecuentemente expresada de varias maneras es que la vida nos presenta con muy pocas opciones *perfectas*. A veces las personas son malas y maliciosas. A veces personas que están enojadas crean deliberadamente problemas a la demás gente. A veces eliges defenderte y responder. Pero recuerda que muy pocas situaciones en la vida te dan decisiones perfectas. Lo mismo pasa en las relaciones. Cuando piensas que encontraste la pareja perfecta, que bueno. Pero al pasar del tiempo empezarás a notar defectos en esa persona y unas pequeñas imperfecciones. A veces en la vida nos enfrentamos con situaciones donde tenemos que escoger de dos males, el menor. Al escoger empleos, la gente toma en cuenta el sueldo, prestaciones, horario y el estrés. Los trabajos con mayor sueldo requieren más tiempo en la oficina, más responsabilidades y niveles de estrés más altos. Cuando los trabajos perfectos tal vez existan, no muchas personas son afortunadas de encontrarlo. Y aún cuando lo encuentres, si recuerdas en un capítulo anterior, es temporal. Eventualmente la persona descubrirá algo acerca del trabajo que cambia como se siente. Todo es temporal. Las cosas están cambiando constantemente y evolucionando. La mayoría de las situaciones requiere que analizemos todos los pros y los contras y de alguna manera decidir la probabilidad de éxito en cada opción que tenemos. Sin embargo *muy seguido seguimos el camino de menor resistencia.* Lo que quiere esto decir es que después de tomar una decisión no hacemos lo que se requiere porque es muy difícil hacer un cambio. Estamos en una rutina que es cómoda y decidimos que dar seguimiento a una decisión que requiere de una acción es más esfuerzo del que queremos dar. De manera rara este camino de menor resistencia no es algo totalmente consciente. Es otra cosa turbia que está dentro de nosotros mismos. Y puede hacer la rutina que desarrollamos en la vida mas honda y más difícil de cambiar.

En Diciembre del 2017 hubo un artículo de investigación el cual detalló un estudio de "el camino de menor resistencia" que fue llevado a cabo por University College of London (Haugara, Haggard, & Diedrichsen, 2017). El estudio demostró que cuando nos enfrentamos con decisiones que nos requiere el hacer algo tendemos a escoger el camino de menor resistencia por nuestros prejuicios. Esencialmente estamos conectados hacerlo inconscientemente. Decidimos hacer lo que menos esfuerzo sea a pesar de saber que el tomar una dirección diferente nos puede llevar a una gran recompensa. Recuerda que en uno de los capítulos anteriores mencionamos que el impulso primordial es de tener una vida más fácil y el camino de menor resistencia le queda perfectamente a ésta idea. (también recuerda que mucho del proceso de tomar decisiones se hace aún antes que nosotros mismos sabemos que ya se hizo). Generalmente las personas emplean lo que llamamos "mecanismos de defensa" para racionalizar sus decisiones aún cuando su decisión es claramente las que conscientemente no desean. Eso quiere decir que mentalmente disminuimos el comportamiento que nos dará recompensas más altas (ejemplo lo minimizamos) o usamos otros mecanismos de defensa como negarlo. En resumen es muy fácil hacer excusas. Hay un dicho muy viejo que dice, "No puedo, no se pudo". No importa cual es tu excusa o motivo si constantemente piensas que no puedes hacer algo, nunca lo harás. Nunca sabrás si puedes hacer algo hasta que lo intentas. Y al intentarlo debes de saber que hay una probabilidad que si lo puedes hacer. Tal vez no será fácil. Es posible que tome tiempo, trabajo, y determinación. Si no, entonces ya lo hubieras hecho. Las acciones toman esfuerzo. Típicamente el esfuerzo que se hace para alcanzar una meta es compensado porque nuestra vida se hizo más fácil o más agradable por haberlo hecho.

Tomando Decisiones Serias e Importantes: Como nuestro Inconsciente Tiene Secretos

En el año 1997 el primer autor publicó un manual titulado, *Staying Quit* (1997). El manual está enfocado en la cuestión del tratamiento importante de abuso de droga y de la prevención de recaer. El libro aún se usa en centros de tratamiento con la Terapia Racional Emotiva Conductual y una variación del método ABCD. La idea detrás del título gramaticamente desafiado *Staying Quit*, es que el rendirse es muy fácil. Millones de personas se han rendido al usar drogas, alcohol, y tabaco. Muchos de ellos se han rendido muchas veces! El problema es que no se pueden *rendir* siempre.

Tal es la naturaleza de abuso de substancias—es un hábito propenso a recaer. Cualquier comportamiento relacionado a obtener placer o el evitar dolor puede llegar a un punto donde el comportamiento se vuelve un problema. El suspender un hábito que nos causa placer o nos evita dolor es muy difícil. El abuso de drogas es sólo una de estas áreas que tiene placer y dolor pero hay muchas otras. Sin embargo, al explorar las cuestiones de abuso de drogas y substancias no es el punto de importancia aquí. Lo que importa es como la parte inconsciente de nuestra mente tiene un poder de influencia en nosotros. Tienes que darte cuenta de estas influencias inconscientes. Recuerda que ya hemos mencionado como la investigación nos muestra que el inconsciente elige antes de que nosotros sepamos que la decisión ya se tomó. También recuerda que tenemos una tendencia inconsciente muy poderosa de tomar el camino de menor resistencia y que casi siempre buscamos una vida más fácil. Esos tres factores tienen una poderosa influencia en nosotros y son diseñados para que no cambiemos. Son lo suficientemente importantes para volver a repetirse. 1) Tu inconsciente toma decisiones por sí misma y te da la impresión de que tú las está tomando 2) La tendencia es de seguir el camino de menor resistencia 3) Estas buscando una vida más fácil y más placentera

No puedes hacer que estas cosas no existan, ni deberías. La idea es de entender *cuando* te están influenciando para que tengas la libertad de tomar decisiones de manera consciente.

El Inconsciente Hace Planes Secretos

Una de las tareas en el manual de *Staying Quit* es que los participantes hagan una lista de sus "situaciones de riesgo". Situaciones de riesgo incluyen personas, lugares, cosas y situaciones que presentan oportunidades más probables para recaer. Recaída en este caso es el acto de usar drogas o alcohol otra vez después de haberlo dejado.

Hay ciertas personas que están vinculadas a las amistades que usan drogas—que ofrecen drogas y andan de fiesta con ellas. Hay lugares donde hay drogas disponibles, y las personas que van allí se animan a usarlas. Es que los que usan drogas tienden a usarlas con ciertas personas, en ciertos lugares, a ciertas horas, y cuando cierto ánimo lo requiere. Hay ciertas emociones y ánimos que llevan al uso de drogas. Hacer una lista de situaciones de riesgo puede producir información interesante. En el manual *Staying Quit* se les pide a clientes hacer una lista de las 10 situaciones de riesgo que más han enfrentado. Sus listas a veces incluyen cosas como depresión y ansiedad, ciertos bares y eventos y personas específicas.

Ahora aquí está la parte de información más importante. Muy a menudo individuos que terminan en programas de drogadicción eventualmente sufren una recaída y lo harán varias veces antes de que lo dejen. Pero cuando hacen la lista de "situaciones de riesgo" van a escribir el lugar donde finalmente van a recaer. Escribirán la situación y la persona específica que estará involucrada con la recaída. Estos detalles estarán en la lista de situaciones de riesgo pero nunca estarán en el primer renglón. Estarán en la parte de abajo de la lista. Esto puede parecer raro, pero es verdad. Y lo que significa es un poco "sombrío" y perdón por el término. Quiere decir que tienen un plan secreto para recaer. Con la mayoría de ellos, es tan secreto que ellos mismos no lo saben. A veces es consciente pero al estar en tratamiento intentamos que se percaten de esto.

La relevancia de esto tal vez no sea muy claro. Así que veamos otra vez Anna un momento. ¿Qué si le pedimos Anna que haga una lista de personas, lugares, o cosas que puedan obstruir sus decisiones de hacer que su matrimonio y su carrea funcione? Muy probablemente escribirá cosas muy precisas las cuales hagan que sus esfuerzos fallen. Estarán escritas en la parte de abajo de la lista. Si intentas hacer una lista de situaciones de riesgo relacionadas a los problemas en tu vida, especialmente con problemas que surgen una y otra vez en tu vida, probablemente te sorprenderás.

La vida está llena de opciones y situaciones en donde enfrentamos fracasos y frustraciones. Puedes tomar cualquier opción o situación que enfrentas y hacer una lista de lo que puede suceder para que tu decisión no funcione. Si tu decisión falla muy probable encontrarás la razón en tu lista, enterrada en la parte de abajo de la lista. Para ser claro en la relevancia de ésta discusión es que necesitas ver que hay fuerzas inconscientes y poderosas que están en juego al elegir y tomar decisiones. Queremos que te des cuenta que las puedes traer a la superficie al desafiar tus creencias y hacer algo que aún no mencionamos. Tienes que entender tus intenciones. *¿Qué es lo que realmente intentas hacer? ¿Qué es lo que quieres de la vida?* Las respuestas a estas dos preguntas son tus intenciones verdaderas, y muy seguido están en la superficie de la conciencia normal, sin ser vistas ni ser percibidas por la mente. Pero ambas están directamente conectadas con tus creencias. Tienes el poder de evaluar sinceramente tus creencias y tomar lo que se consideran decisiones de libre albedrío.

Resumen de ABCD

Vamos a proporcionar una breve descripción del proceso ABCD. Cuando te enfrentas con una situación o problema empiezas por evaluar la situación y las creencias que están asociadas a ella. Para decisiones que son complicadas recomendamos que dibujes como lo describimos anteriormente. Identifica brevemente las personas involucradas, sucesos importantes, y la situación. Es siempre una buena idea hacerlo por escrito. Enseguida de cada elemento involucrado en la situación (tu, otras personas, sucesos, etc.), escribe las primeras creencias que te vienen a la mente acerca de ellas. Después desafía cada creencia buscando de tal modo que muestren que la creencia no es completamente verdadera. Ten en cuenta que muchas creencias son exageraciones. Las "excepciones" a cada creencia pueden ser escritas debajo de la creencia principal. Si más de una cosa te viene a la mente, escribelo también. Si usas este proceso lo que pasará es que lo que eliges será menos y más claro. Esto sucede porque traerás situaciones del inconsciente a tu consciente. Usualmente no lleva mucho tiempo para que surja una opción especialmente si tomas en cuenta las dos reglas (no hagas daño y haz lo mejor que puedas con los recursos disponibles). Cuando te decides en una opción, hazlo, da seguimiento a las acciones requeridas y que has elegido. Finalmente si ves que lo que escogiste y las acciones posteriores no te llevan al resultado esperado, repite el proceso usando la situación nueva como punto de partida. Y si no produce lo que tu esperabas, considera el irte más profundamente haciendo una lista de cosas que hacen que tu decisión falle. Habrá un secreto enterrado allí. El secreto revelará tus verdaderas intenciones cualquiera que sean. Recuerda, a veces nuestras verdadera intenciones son de tomar el camino más fácil.

CAPÍTULO 8

La Idea de Un Camino Verdadero

¿Qué es la historia de tu vida? ¿Cómo tantos sucesos, muchas personas, y opciones interminables te han llevado al punto exacto en que estas? Como se mencionó al inicio del libro, tu historia es el resultado una combinación de tu herencia, ambiente y muchas otras cosas que has elegido hasta el presente. Puedes pensar en todos esos factores, pero esta es la realidad acerca de ellos. *No importan. Tú estás aquí. Siempre estas en el momento presente, y lo que importa es lo que decides en este momento.* Lo que más importa es la dirección la cual te estás dirigiendo *ahora* y el camino que estás siguiendo *ahora*. Si estás de acuerdo con esta idea, entonces hay otras preguntas importantes que surgen:

- ¿Es éste el camino que quieres estar?
- ¿En verdad hay un camino apropiado?
- ¿Estas destinado a tomar un determinado camino en tu vida?

La idea de "El Camino Verdadero" en la vida es muy muy antigua e implica que cada uno de nosotros tenemos potenciales y habilidades incorporadas en nosotros mismos los cuales buscan salir y ayudarnos a guiar nuestro viaje a través de nuestra vida. La mayoría de nuestros conceptos acerca de la idea del verdadero camino suponen que estamos aquí para llevar a cabo un propósito más profundo. A lo mejor eso es verdad. A lo mejor no. Todo lo que podemos hacer es mencionar nuestras creencias pero estas a nadie les importa más que a nosotros. Lo que es cierto es que

cuando entramos a nuestras vidas tenemos muchas predisposiciones genéticas que se nos han otorgado. Estas "predisposiciones
genéticas" pueden ser: habilidades innatas, algunos rasgos de personalidad y muchas características físicas. Por ejemplo, inteligencia básica es hereditaria, pero lo que haces con ella depende de tí.
Es solo un potencial esperando a que sea desarrollado, o no. De
alguna manera, la idea del camino verdadero es un poco como
el concepto de seguir tu corazón, pero pocas personas de verdad
pueden entender ésta idea. La razón es que para la mayoría de las
personas, sus creencias, emociones y sentimientos se interponen
con lo que queremos decir con la palabra *corazón*. Un ejemplo de
esto es cuando crees que es tu corazón que quiere tener relaciones
sexuales con alguien, pero ese deseo probablemente no es motivado por el corazón.

La Felicidad y el Camino Verdadero

Desde muy chicos empezamos a formar creencias acerca del
mundo y que pensamos que nos lleva a la felicidad. Dinero, poder, fama, un empleo o carrera importante, sexo con determinadas
personas, y posesiones materiales son todas usualmente vistas
como el camino a la felicidad en una u otra ocasión. Piensa en el
pasado en tu primer amor y como anhelabas estar con esa persona. Pensabas que si pudieras estar con esa persona serías feliz.
Piensa en las cosas que querías, como carros nuevos, casa nueva,
cierto empleo o cualquier otra cosa que se relacionaba con ser felíz
en ese momento. No estamos diciendo que estas cosas no son de
importancia, lo que pasa es que pocas veces están relacionadas con
el camino verdadero y la verdadera felicidad. Todas son pasajeras,
temporales y desvanecen en importancia. Recuerda, todo es temporal.

La idea del camino verdadero está relacionada a la esencia genuina y verdadera de tí mismo. Incluye tus habilidades innatas y
habilidades. Implica que tienes una herencia genética que se te ha
otorgado y que incluye aptitudes, virtudes, características y habilidades. Es algo que te empuja hacer más grande y mejor que lo que
piensas de tí mismo en ese momento. Aunque esto no es precis-

amente la manera que lo vemos, es como si tuvieras programado un destino en tí.

Si no te es claro, aquí está un ejemplo que pensamos que fácilmente entenderás. Una gran parte de tus características físicas como altura, tipo de cuerpo, coordinación y composición muscular básica son genéticas. Un niño nacido en América tiene los genes que lo hacen medir más de siete pies, tener un cuerpo atlético y musculoso, excelente coordinación y otras características físicas naturales que le han sido otorgadas, muy probablemente será empujado a jugar deportes y será recompensado por hacerlo. En breve, es como si tuviera un destino genético programado en él. Puede elegir si lo acepta o no. En mayor o menor medida todos nosotros tenemos predisposiciones genéticas que nos empujan en ciertas direcciones.

Nuestro "destino" (o tal vez más adecuadamente nuestra herencia genética) puede distorsionarse por muchas cosas como visiones de grandeza, fama, dinero, influencia, impulsos sexuales y poder. Pero de modo muy real el camino verdadero refleja como encajamos en el mundo. Y no quiere decir que sólo tenemos una "verdadera" dirección que nos ajuste o un solo camino que seguir. Hay muchos caminos que pueden llegar al mismo lugar. Allí están las opciones que enfrentamos.

Como ya mencionamos la idea del camino verdadero no implica que solo hay un camino correcto para cualquier persona. De hecho, la trayectoria cambia para todos nosotros al caminar en la vida y se basa en las decisiones que tomamos. Es la evolución que se desarrolla y se ajusta a medida que envejecemos, la transición a través de las diferentes fases de nuestras vidas y enfrentamos varias necesidades y problemas que surgen. *Para nosotros, el camino verdadero es más que una manera de vivir es tener una cierta profesión.* Recuerda por un momento que discutimos la Jerarquía de Necesidades de Maslow en capítulos anteriores. Nuestras necesidades evolucionan e incrementan de manera compleja al trasladarnos entre la escuela, relaciones sentimentales, profesiones, ser padres, y más. No hay probablemente un sólo camino verdadero para ninguno de nosotros. Hay oportunidades continuas y situaciones en que nos encontramos y elegimos, momento tras momento. Lo que elegimos puede reflejar nuestro yo más profundo, o no. Una vez más el camino verdadero es como un modo de vivir que está involucrado en cierta profesión o empleo. Creemos que entenderás esto muy fácilmente.

Una manera de evaluar tu actual camino verdadero se relaciona a la felicidad y a la satisfacción. Es muy probable que si las cosas en tu vida y lo que haces te brindan un sentido de felicidad, plenitud y satisfacción auténtica dentro de tí, entonces estás en el camino correcto. Pero entonces lo contrario también es verdad. Si eres infeliz y no estás satisfecho puede que no estés en el camino correcto. Pero tal vez lo más relevante que tienes que recordar es que todo es temporal. Lo que elegiste en el pasado fueron temporal. Lo que elegiste en el pasado sólo te llevó a más puntos de decisiones al ir por éste camino. Lo que sea que escojas ahora te llevará a más opciones. Entre más equilibrado estés se te hará más fácil el elegir. Entre más te percates y más retes tus creencias será más fácil. Piensa en algunas de tus decisiones que tomaste anteriormente en tu vida que te llevaron a donde estas ahora. ¿Decidiste quedarte en la escuela y graduar o la dejaste? ¿Si graduaste seguiste en la Universidad? Para algunas personas estas dos preguntas pueden ayudar a entender el concepto de como las decisiones tomadas en el pasado crearon tu camino en la vida de hoy. Ahora, piensa en los empleos que has tenido y si es que tu nivel de educación jugó un papel en que te dieran cualquiera de estos empleos. Estas respuestas se relacionan a lo que discutimos sólo hace unos momentos. Tú llegaste a éste mundo con potenciales. ¿Qué has hecho con estos?

Alan Watts Acerca de la Felicidad

Alan Watts fue un famoso filósofo Británico y autor que dió conferencias a muchos espectadores acerca de conceptos del Este y Budistas. Watts era experto en crear conceptos espirituales relevantes a la vida del Oeste. Muchas de sus conferencias se pueden encontrar enYouTube.com. En una de sus charlas (Watts, A.) se refiere a su Felicidad y profesión. En una conferencia habla de un individuo que le pidió asesoría acerca de su profesión. Le preguntó a esta persona, "¿Que clase de situación te gustaría?"

Luego le pregunta a la persona, "¿Que te gustaría hacer si el dinero no importara? ¿Cómo te gustaría realmente disfrutar de tu vida?"

Esperamos que una de tus respuestas que llegue a tu mente sea la frase de Warren Buffet que mencionamos anteriormente: "Cuando vayas por el mundo busca el empleo que tomarías si no necesitaras el dinero"

Watt aconseja que cuando sepas realmente lo que quieres hacer en la vida olvídate del dinero. ¿Por qué? El dice que "Si el obtener dinero es lo que te importa te pasarás la vida desperdiciando tu tiempo. Harás cosas que no te gustan para seguir viviendo. Entonces el seguir haciendo cosas que no te gustan es estúpido. Es mejor tener una vida corta haciendo lo que te gusta que tener una vida larga siendo miserable".

Watts agrega que si haces las cosas que deveras te gustan hacer, puedes convertirte en experto al paso del tiempo. Y eventualmente encontrarás a otros que están interesados en lo mismo que haces lo cual puede crear demanda y podrás ganarte la vida haciéndolo. El dice que es muy importante hacernos ésta pregunta: ¿Qué es lo que deseo?

Lo que Deseamos

En el segundo capítulo de este libro presentamos lo que llamamos "el significado de la vida". Lo definimos diciendo que el significado de la vida *es lo que tu hagas de ella*. Está relacionado a la pregunta que Watts dijo que era importante para cada uno de nosotros hacernos a nosotros mismos: "¿Que es lo que tú deseas?" Como ya lo hemos mencionado varias veces creemos que la mayoría de las personas desean ser algo más grande de lo que ya son. Las personas desean hacer una diferencia. La gente desea llevar una vida noble y significativa. ¿Estás de acuerdo?

Watts creía que basándose en nuestros métodos de educación y estilo de crianza de los hijos en el Oeste, el problema fundamental es que "Queremos controlar todo". En la raíz del deseo de controlar hay una esperanza de crear omnipotencia tecnológica, un impulso de crear todo lo que hace nuestras vidas más fáciles. Esto también se extiende a desear un futuro predecible. Pero eso no es la condición arraigada que los humanos quieren, el dice "Queremos sorpresas en la vida". El impulso de controlar las cosas nos lleva a ser desilusionados con la idea del poder.

Lo que Watts demuestra en estas simples declaraciones son puntos importantes para encontrar tu camino verdadero. Y se relacionan a los cambios dramáticos que suceden en la sociedad que provienen de avances tecnológicos. Estamos buscando algo como omnipotencia tecnológica haciendo nuestras vidas tan fáciles que la mayoría de las personas no tienen nada que hacer y solo se divierten. Okey suena muy bien pero se volverá aburrido, al menos es lo que Watts piensa. ¿El alcanzar una omnipotencia tecnológica significa que las personas podrán llenar más fácilmente la jerarquía de necesidades superiores de Maslow? ¿El tener todo el tiempo para disfrutar nos llevará a cosas como el amor, intimidad, autoestima, respeto a sí mismo, y de autoactualización? Tal vez sí, probablemente dependa en como respondemos a la tecnología que surge que ya domina a la vida y promete hacerse cargo de casi todo. Así que lo que nos queda es la gran pregunta de Watt: "¿Que es lo que de verdad deseas en la vida?"

Esforzándote para ser Superior

Algunas de las ideas del potencial arraigado del humano y movimientos de auto actualización de los años setenta provienen de la base de otro famoso psicólogo, Alfred Adler. Adler es el padre de lo que se conoce como "Psicología Individual" y el fundador de la escuela de consejería escolar y orientación profesional. La mayoría de las obras de Adler fueron hechas a principios de 1900 y algunas de sus ideas han estado en la corriente psicológica desde entonces. Algunos de los conceptos y términos claves de Adler son *complejo de inferioridad, luchando por la superioridad, estilo de vida y enfocado en las metas* (Little, Robinson y Burnette, 1998). Para nuestros propósitos solo nos enfocaremos en unas cuantas ideas claves que son relevantes.

Adler relató que muy seguido nos motivan fuerzas inconscientes dirigidas a lograr lo que él llamó "metas ficticias". Las primeras metas ficticias que nos formamos en nuestras vidas son los resultados de las creencias irracionales acerca de nosotros mismos, especialmente la idea que de algún modo somos inferiores (menos) que los demás de una u otra manera. En los primeros años de nuestra vida no solo es común—pero normal—de concluir que otros son más grandes, más poderosos y de algún modo superiores. Los que están alrededor de nosotros controlan casi todo. Así que es normal que de alguna manera nos sintamos inferiores en nuestra niñez. Esa sensación de inferioridad nos estimula a ser superiores. Adler llamó ese impulso de ser superior "esforzándote por ser superior".

Casi todos las metas que nos establecemos de alguna forma se relacionan a esforzarnos a ser mejores, más, o superiores a lo que somos antes de que la meta se haya completado. Si es la meta de ir la Universidad, obtener un mejor empleo, aprender una nueva habilidad, o desarrollar una nueva relación, casi siempre intentamos de ser mejor de lo que somos de alguna u otra forma. Pero no cometas el error de pensar que nuestro impulso de ser "superior" siempre es algo bueno o basado en algo que siempre es de beneficio o positivo. Un hombre que quiere robar a mano armada está luchando por ser superior. El robar a otros lo puede hacer sentir superior. Así que el impulo de superioridad no es siempre positivo.

Metas Ficticias: Razonables e Irracionales

De una manera muy real cada meta empieza siendo algo ficticio hasta que se haya cumplido. El problema empieza cuando la meta ficticia final es en realidad no alcanzable o irracional. No queremos hacer esto muy complicado así que seguiremos con una meta muy común que muchas personas tienen: seguridad financiera. Esta es una meta muy sensata, responsable y razonable en el mundo moderno. Pero puede convertirse en algo distorsionado que no se puede obtener.

Por ejemplo, hay muchas personas que acumulan cantidades enormes en su fortuna y gran poder, pero nunca consiguen la meta fija de tener *seguridad financiera*. No importa cuanto dinero estas personas tengan nunca es "suficiente". De hecho en muchos casos la meta no era realmente tener seguridad financiera. Tales personas tiene modismos como "nunca puedes tener demasiado dinero". En ese caso la meta no puede alcanzarse hasta que esa persona tenga *todo* el dinero en existencia. Tal vez cuando la persona alcance el punto donde no hay más dinero que obtener, se acabe todo. No estamos seguros porque hasta ahora no hay ninguna persona que haya alcanzado esta meta. La meta irracional de acumular todo el dinero que existe surge de sentimientos de inferioridad y hay una transición a esforzarse por ser superiores. Pero una vez más cualquier meta que te pongas es algo ficticio hasta que se cumple y las metas son una herramienta muy útil en crear un camino en la vida.

Hay muy buena oportunidad de que todos los que estén leyendo este libro alcancen la meta de tener seguridad financiera al retirarse. Esa es una meta muy razonable y sabia de establecer. No obstante, hay una diferencia entre decir: "Nunca puedes tener suficiente dinero" y decir "Necesito suficiente para retirarme". Puede ser verdad que relativamente muy pocas personas llegan a punto que sienten que tienen "suficiente" pero si piensas en los niveles de necesidades de Maslow la mayoría de las personas ganan lo suficiente para mantener los niveles básicos de seguridad. La felicidad tiende a estar más relacionada con la necesidades en los niveles superiores. Para algunas personas por sus situaciones y las creencias que han desarrollado tienden a estar atrapadas en las necesidades inferiores de Maslow, protección y seguridad. Este es una cuestión complicada que es vasta por sus implicaciones.

Un ejemplo de esto puede verse en el estilo de vida que llevan los gangsters en el tráfico de drogas. Se desarrolla en muchas formas pero usualmente pasa en áreas y culturas donde la pobreza y crimen son incotrolables y se percibe en aquellos que viven allí. En algunos casos surge en lugares donde sólo los "éxitos" evidentes y la gente que aparentemente tiene poder son gangsters y traficantes de drogas. Recuerda que la gente se esfuerza por ser superiores así que en algunas culturas donde hay pobreza surgen las metas de hacerse rico y tener poder. Muchas de estas personas están en situaciones que alimentan las creencias que les dicen que la única manera es traficar con drogas y violencia. El punto es que todos se esfuerzan por alcanzar la superioridad. Todos establecen metas, si se les llama así o no. El punto importante es que si son razonables o no y si son útiles para encontrar tu camino verdadero. Si tu meta daña a otras personas, te pueden matar, o mandarte a la cárcel, son consideradas destructivas.

Todos se esfuerzan por ser Superiores

Para los autores, nuestro "esfuerzo por superioridad" surge como el obtener más y más educación. Ir a la Universidad y graduarse con ciertas licenciaturas eran nuestras metas pero el alcanzar la meta de graduarse fue estimulada de ser algo mejor, algo más de cuando empezamos a ir a la Universidad. Sabíamos que el acumular títulos nos daría más oportunidades en el futuro. Pero tuvimos que hacer algo—actuar—que apoyara la meta educacional que nos brindara más "oportunidades" en el futuro. Es cierto que nunca tuvimos que tratar con la realidad como la gente que vive en la pobreza y colonias donde hay crimen. Pero lo que queremos enfatizar es que el tener nuestros títulos se alcanzó por esforzarnos alcanzar la superioridad. Queríamos ser algo más grande de lo que éramos. Todo lo que podemos decir acerca de la idea de esforzarnos por superioridad es que las dos reglas más importantes en tomar decisiones se aplican pase lo que pase. Primero, no hagas daño. Segundo, haz lo mejor que puedas con los recursos disponibles.

No hay nada malo por esforzarse a ser superiores. De hecho, es muy inteligente y sabio con cierto entendimiento. Todo lo que intentes aprender, lograr y conseguir o el sólo hecho de mejorar puede ser visto como esforzarte a ser superior. Así que ten en mente que en la vida estás intentando ser superior. En términos simples "esforzarse por la superioridad" es esto: *Estás buscando el ser mejor de lo que eres ahorita.*

El impulso de esforzarse por la superioridad influye todo en la vida—incluyendo relaciones—y sin darse cuenta de esto nos involucramos en tratar de obtener la meta que es en última instancia destructiva. Recuerda la situación de Anna y su esposo. Anna tenía una meta en la mente referente a su relación. También tenía metas específicas en mente para ella y su esposo. El día que empezó terapia definitivamente se estaba esforzando por tener superioridad en lo que se refería a querer mejor su vida—para que su vida fuera superior de lo que era. Muchos de nosotros manipulamos en relaciones, esperando tener una posición de poder o superioridad. Tenemos la iniciativa de controlar las cosas así como lo dijo Alan Watts. De acuerdo a Adler, es básicamente normal en el sentido que pasa la mayoría del tiempo. La gente por naturaleza busca el controlar las cosas. Pero el estímulo de controlar tiene consecuencias porque otros también tienen los mismos deseos e impulsos de controlar. En relaciones el intento de controlar incrementa la presión en ambas personas que están involucradas.

Para mejor entender esto, visualiza un par de globos inflados que están en un espacio reducido. Al incrementar la presión y el tamaño en un globo para controlar el espacio éste se empuja hacía el otro globo. Y al hacer esto el otro globo se aprieta e incrementa la presión interna y empuja al otro globo. Pero muy pocas relaciones se realizan en un espacio reducido. Así que es muy fácil para que una persona se sienta apretado o deje la situación. En relaciones humanas personas son apretadas fuera de las vidas de otras personas todo el tiempo. Así que si quieres apretar alguien tanto para que salga de tu vida dile que quieres controlar la situación.

Luego hay veces cuando la presión en una relación se vuelve tan grande en una persona que es demasiado para soportar y se revienta la burbuja. Puede significar un arranque emocional, colapso emocional o una desunión total en la relación. En relación a esto lo importante es tener en mente que el querer controlar las cosas fuera de tu control incrementa la presión en tí y en los demás involucrados en la situación.

Llevando esta discusión un poco más profunda, vamos a diferenciar entre lo que Adler llamó metas ficticias irracionales y lo que nosotros llamaremos metas con beneficio. Como relatamos durante nuestros años en posgrado claramente sabíamos que queríamos ser superiores para ser algo mejor que lo que éramos antes de entrar al posgrado. Cuando aprendes habilidades computacionales estas tratando de superarte. Cuando intentas hacer algo mejor de como lo hiciste anteriormente, estas tratando de superarte. Estas son metas que te benefician. Ahorita por el sólo hecho de estar leyendo esto estás tratando de superarte. Aún cuando concluiste que todo lo que hemos escrito aquí está incorrecto aún estás esforzándote por superarte. Y si estás de acuerdo o no en lo que dijimos muy dentro de tí has llegado a la conclusión que eres superior. A lo mejor estás más seguro que tus creencias son correctas o a lo mejor ves una mejor manera de tomar decisiones. De cualquier manera te has vuelto superior a lo que eras antes de llegar hasta aquí. Si una meta te ha hecho mejorar, realzó tu vida, te dió felicidad y satisfacción o mejoró tus relaciones, entonces fue una meta que te benefició. Lo que realmente importa es que tienes que decidir si es que tu vida está impulsada por una meta que es inalcanzable o irracional y te llevará a una infelicidad crónica. ¿O, las metas que te has puesto para tí mismo son racionales, te retan, y son auténticamente posibles?

Watt decía que te cuestiones a tí mismo qué es lo que realmente deseas. ¿Qué es lo que quieres en la vida? Pregúntate si es que el camino en el que estas te puede llevar a donde quieres que te lleve o si es un camino de infelicidad y de tristeza. Y ten en cuenta que *todo* lo que haces está relacionado a tu camino.

Buscando Aventuras y Mejores Empleos

Vamos a mencionar situaciones comunes para explicar el concepto un poquito más. Las personan tienen aventuras. Estadísticas y encuestas nos dicen que más de la mitad de las personas casadas tendrán aventuras amorosas. Las aventuras típicamente tienen momentos placenteros o no pasarían. El sexo usualmente se siente bien. Las fantasías que se desarrollan acerca de "la otra" persona en la aventura se basan muy seguido en metas ficticias irracionales—desde luego no siempre, pero muy seguido. Las personas que tienen aventuras mencionan muchas razones por las que las tienen pero lo que menos se estudia es porque *terminan* la aventura. Las aventuras rara vez duran más de un par de años y muchos no alcanzan este punto. Lo que sí se sabe es que la emoción que se siente al principio desaparece por así decirlo. Pero más importante es muy claro que a las dos personas involucradas es que la fantasía que los motiva—o la meta ficticia irracional como lo decimos— es sólo eso, una fantasía que la realidad no la puede lograr. Y luego usualmente implica culpabilidad. Eventualmente algo forza a una o ambas de las personas en la relación a tomar una decisión y esa resolución hace que la relación termine dejando sentimientos de dolor y destrucción en el transcurso. Si recuerdas el ejemplo que usamos anteriormente acerca de los globos incrementando la presión, puedes pensar que la meta ficticia irracional está impulsando la aventura como un globo. En algún momento el globo se revienta y se acaba la aventura. Pero aclaremos algo. Al tener una aventura, se trata de obtener superioridad algo que siempre se relaciona a metas. El querer ser superior no se trata de intentar tener un mejor matrimonio o de mejorar relaciones. La persona que tiene la aventura lo hace porque de algún modo la persona piensa que la aventura hará su vida superior—mejor de lo que era. Sienten que de alguna manera la aventura les dará felicidad o mejorará su vida de alguna manera.

Un ejemplo más común se relaciona a empleos, o al menos a la búsqueda de encontrar un "mejor" empleo. Durante la carrera profesionista muchas personas están constantemente buscando un mejor empleo una oportunidad en su carrera. Al usar el término "mejor" es obvio que la busqueda por un empleo y profesión es de un modo u otro el esforzarse por tener superioridad. Las metas base que llevan a la búsqueda de un mejor empleo es por ganar más dinero, mejor horario, más prestigio, y demás. No hay nada malo en esto al menos que sea una meta irracional o destructiva sea la motivación inconsciente. Una indicación que es irracional es si el objetivo final no producirá felicidad o no te llevará a tu camino verdadero. En esencia, todas las metas se tienen como propósito de alguna manera ser superiores, ser o tener algo más que como empezaste. Y tus creencias directamente se relacionan con tus metas.

A veces creemos que el alcanzar una determinada meta nos llevará al éxito. El lograr tener niveles de educación más altos está sin duda relacionado al éxito, pero no garantiza éxito ni felicidad. Un ejemplo específico que podemos proveer es de un hombre jóven que creía que el obtener un doctorado lo haría felíz. Creía que le iba a dar mucho dinero y prestigio. Este hombre trabajó muy duro para obtener su doctorado, sin embargo al graduarse le fue difícil encontrar empleo que le pagara lo que él esperaba. La intención fundamental de obtener su doctorado (dinero, prestigio y felicidad) no tomó en cuenta que no tenía experiencia práctica. Y tampoco tomó en cuenta la competencia tan intensa que hay (debido a un sin fin de graduados con doctorado) y que profesores a nivel doctorado trabajan muchos años antes de ganar mucho dinero.

Eventualmente él aceptó un empleo como asistente de investigación el cual le otorgó muy poco prestigio y reconocimiento. Pero hizo un buen trabajo por unos cuantos años. Eventualmente resintió que su supervisor no reconocía lo que valía y no lo promovía o por lo menos le aumentaba el sueldo. Este resentimiento basado en su meta irracional de tener dinero/prestigio/felicidad creció a medida que pasó el tiempo y le permitió justificarse para trabajar menos en su empleo. Supuso que empezaría hacer la cantidad de trabajo "por el cual le pagaban" que era menos de lo que había pensado que ganaría al tener un "empleo a nivel doctorado". Finalmente tuvo muchos problemas en el trabajo, perdió el respeto de muchas personas y fue despedido porque su actitud (basado en creencias irracionales) afectó su ética profesional. Se vió en el camino de una persona con doctorado desempleado que no tenía trabajo, fue despedido de su último empleo y no tenía referencias profesionales que mencionar en su próxima solicitud de trabajo.

Utilizando el ABCD con Metas

Es fácil aplicar el método ABCD a cualquier meta que tengas pero es sensato usarlo en metas que pueden ser inaceptables o irracionales. Lo decimos de manera un poco irónica porque cuando una persona tiene una meta irracional que motiva su comportamiento usualmente no lo ven como irracional. Así que sugerimos que evalúes las metas que te has propuesto y veas como te va.

Al menos que tengas un verdadero trastorno psicológico (como *anorexia nerviosa*) no es difícil ver muy dentro de tí y ver un poco las creencias inconscientes que te motivan cuando usas éste método. La anorexia se basa parcialmente en la creencia que la "delgadez perfecta" es algo que se puede tener. Adler citó que la anorexia es una de las metas ficticias más destructivas que existen.

Explicando como las creencias del ser delgado perfecto son destructivas e irracionales nunca es suficiente cuando profesionistas intentan tratar a las personas con anorexia. Hay otros aspectos psicológicos y problemas personales que no se pueden afrontar simplemente retando tus creencias acerca de ellos, pero es muy posible distinguir como nuestras creencias inconscientes ejercen una poderosa influencia en nuestras metas.

De manera semejante al ejemplo de la persona que deseaba tener doctorado puede ser vista como ser empujado por una creencia irracional. ¿Cómo? Primero vamos a reconocer que la meta de obtener un doctorado no era irracional ni inaceptable porque es algo alcanzable. Pero si expresamos de otro modo las dos preguntas que Alan Watts propuso, podemos ver las metas ficticias y las creencias subyacentes. Watts pudo haber preguntado, "¿Que intentas al obtener el doctorado?" ¿Que deseas lograr? La intención de la meta y el deseo subyacente era dinero, prestigio y felicidad. Un doctorado en sí mismo no es suficiente para adquirir todas estas cosas. Así que ahora usemos el método ABCD en una meta muy común.

Evalúa la Situación y Reta las Creencias. Vamos a decir que quieres encontrar un mejor empleo por las razones usuales. Una vez más, es buena idea dibujar y ponerlo en papel. Deberías empezar por hacer una lista de los aspectos de la situación y de las creencias que tienes de estos aspectos. Puedes estar en un trabajo donde no hay progreso, donde no hay oportunidades de avanzar o decidiste que no quieres continuar en esa profesión. También estás consciente de algunas oportunidades en otros lugares donde sería bueno buscar empleo. Esa es tu primera evaluación de la situación. Te puedes dibujar a tí mismo en tu trabajo, en el centro de la página pensando en un empleo diferente.

Después debes hacer una lista de las creencias más importantes que tienes de cada uno de tus dilemas. Es buena idea el usar "Yo creo" al iniciar cada una de las frases. Estos son unos ejemplos de las creencias de una persona que quiere dejar su empleo:

- Yo creo que mi trabajo es aburrido.
- Yo creo que necesito más dinero.

- Yo creo que necesito un mejor horario de trabajo.
- Yo creo que debo desarrollar más habilidades y usar las que tengo.
- Yo creo que merezco un estatus y un prestigio más alto.
- Yo creo que soy capaz que lo que mi empleo actual requiere, esto implica que lo soy.
- Yo creo que no me caen bien mis compañeros de trabajo.

Ahora reta todas estas creencias mencionando algo que muestre que tu creencia no es del todo verdad o que es una exageración. Esto es lo que surgió en éste ejemplo del empleo:

- Yo creo que mi trabajo es aburrido.
- Reto: Hay un par de cosas en mi trabajo que son interesantes y que me gusta hacer.

- Yo creo que necesito más dinero.
- Reto: Sólo quiero más dinero. Apenas me alcanza pero sin embargo he estado pagando mis recibos.

- Yo creo que necesito un mejor horario de trabajo.
- Reto: Teniendo un mejor horario hará mi vida más fácil. Sólo quiero mejor horario. De hecho quisiera trabajar menos horas y me paguen más. He tenido éste horario por algún tiempo así que no necesito cambiarlo, solo quiciera.

- Yo creo que debo desarrollar más habilidades y usar las que tengo.
- Reto: Hay otras maneras de hacer esto y que no implica el tener otro empleo. Supongo que quiero que me paguen por hacerlo. Hasta hoy, no me ha motivado hacerlo.

- Yo creo que merezco un estatus y un prestigio más alto.
- Reto: Quiero que otros me vean como alguien importante y que me necesiten. En el fondo yo se que merezco más estatus y prestigio si hago algo para merecerlo. De

todas maneras no estoy seguro que es lo que quiero decir por estatus y prestigio, salvo que personas me admiren y crean que soy listo.

- Yo creo que soy más capaz que lo que mi empleo actual requiere, esto implica que lo soy.
- Reto: Supongo que quiero ser mejor y espero que lo sea. Creo que es algo que necesito demostrar y tendré que hacer un esfuerzo para hacerlo.

- Yo creo que no me caen bien mis compañeros de trabajo.
- Reto: Algunos si me caen bien. Los que no me caen bien, me caen tan mál que tengo malos pensamientos hacia ellos. Mis acciones han demostrado mis pensmaientos hacia ellos que no ayuda al problema.

Elige. El siguiente paso es tomar una decisión. Recuerda que la vida muy rara vez te dá opciones perfectas. Además ten en cuenta las dos reglas: No hagas daño, y haz lo mejor que puedas con los recursos disponibles.

En ésta situación por la manera de que se redactó y de manera que las creencias fueron numeradas con los retos, es obvio que la persona tiene dos opciones. La primera es de permanecer en el empleo actual e intentar de mejorar las cosas. La segunda es buscar un nuevo empleo. Esperamos que se vea claramente que la persona se está esforzando por tener superioridad, y ten en cuenta que el esforzarse por ser superior se basa en sentimientos básicos de inferioridad. Hay muchas pistas que se ven muy fácilmente en lo que ésta persona escribió al retar sus creencias. Piensa en las preguntas de Alan Watt: "¿Cuales son tus intenciones; que es lo que deseas?" Ve el reto a cada creencia que enumeró para que veas la intención y deseo. Son obvios. Esta es una lista de cuestiones que vemos: aburrimiento, dinero, una vida más fácil, falta de motivación, deseo de ser importante y de ser necesitado, deseo de ser mejor y deseo de llevarse bien con otros y desarrollar amistades. En general, hay un sentido genuino de infelicidad y descontento. El tema más poderoso en todo esto es que el individuo carece motivación para cambiar.

Tomar una decisión es un poco más fácil al retar las creencias. Lo paradójico es que al retar cada creencia ambos lados de la cuestión son evaluadas. No puedes evitar el ver ambos lados de la cuestión si se sigue éste método. Si eliges buscar un nuevo empleo lo que será evidente para ésta persona es que tendrá el control del resultado asumiendo que tiene la motivación para hacer lo que se necesita. La persona puede buscar un nuevo empleo y aceptar solamente uno que le pague más y tenga mejor horario. Tiene el poder de decidir si el nuevo empleo es adecuado a lo que está buscando o si es mejor que su empleo actual. No necesita dejar su empleo hasta que se cumplan sus estándares. Depende de la persona de aprender nuevas habilidades, hacer el debido esfuerzo y ganarse el estatus y prestigio que viene con aprender el trabajo. En lo que respecta a las amistades en el trabajo, esto también depende de la persona. Así que hay que elegir.

Hazlo. Ya que se haya tomado una decisión tienes que **hacerlo**. Sigue con acciones que apoyen tu decisión. Hacer lo que hayas elegido es el paso más difícil y el que más toma esfuerzo y valentía. Si lo que elegiste no funciona, repite el proceso. Repitiendo el proceso se manifestarán los obstáculos y las cuestiones que impiden progresar. El realmente hacer lo que se requiere para seguir adelante con lo que escogiste, toma en cuenta una información de datos que hemos mencionado. Tenemos una tendencia inconsciente en nosotros de tomar el camino de menor resistencia. El no hacer nada es muchas veces más fácil que hacer algo. También tenemos muy frecuentemente un plan secreto que seguir. Es decir, establecemos situaciones de tal manera para resistir un cambio. Provocamos nuestro propio fracaso para mantener las cosas como están y seguir el camino de menor resistencia. Es importante el poder reconocer cuando las razones por no tomar acción son legítimas y cuando no estamos dispuestos hacer el esfuerzo necesario para seguir adelante con lo que elegimos.

CAPÍTULO 9

Tu Camino Verdadero como Misión en tu Vida y El Lado Oscuro

Sin fin de conceptos espirituales, sistemas de autorrealización, grupos de potencial humano y teorías psicológicas alientan a las personas a desarrollar una "misión en la vida". Normalmente la idea de una misión en la vida primero aparece cuando las personas son jóvenes e idealistas. Muchos jóvenes quieren cambiar al mundo. Muy seguido esto es algo bueno, pero éste idealismo de jóvenes usualmente se desvanece y es reemplazado por lo que se le puede llamar realismo y el ser prácticos. Ocasionalmente después de que una persona alcanza el éxito y desarrolla un camino en la vida, una vez más se va a interesar en el idealismo y causas sociales. Dependiendo que causa es y asumiendo que de alguna manera mejorará las condiciones para seres vivos, puede ser visto como misión en la vida. Así que de manera genuina la idea de tener una misión en la vida se relaciona con el camino verdadero de uno mismo. Sin embargo, el proceso de encontrar tu misión en la vida —y tu camino verdadero—se encuentran al lograr satisfacer las necesidades de nivel superior de Maslow. Recuerda que Maslow creía que después de que una persona satisface las necesidades básicas que tienen que ver con protección y seguridad y las necesidades indispensables psicológicas (amor, intimidad y autoestima), las siguientes etapas de desarrollo son la autorrealización e incluso la autotrascendencia.

Una misión en la vida puede ser descrita de varias maneras. Pero casi siempre se caracteriza por *pasión*. Usualmente lo que impulsa a esta misión es la pasión que esta persona tiene por la causa o a veces en contra de la causa. Creemos que es necesario de mencionar una característica primordial que se haya en una misión genuina en la vida como en la idea del Camino Verdadero. Ambos conceptos_*hacen al mundo un mejor lugar para vivir.* La misión es siempre más grande que la persona, es un llamado. *Nunca es egoísta y siempre ayuda a otras personas o a seres vivos.* Puede ser para mejorar y por el bien de tu familia, amistades, escuela, comunidad, iglesia, animales, los alrededores verdes o el ambiente. Cualquier causa que ayuda a los demás o a los seres vivos se aplica a este concepto. Pero deberá ser más grande que tú. Siempre será constructivo y nunca destructivo. Nunca priva a un grupo mientras le dá al otro. Deberás sentir pasión por la misión. Si sientes una verdadera pasión por la misión nunca se sentirá como trabajo. Sin embargo, eso no quiere decir que no será difícil o que será fácil. No queremos mencionar ejemplos porque aquellos que entienden el concepto saben lo que se require y nuestra intención no es el guiar a las personas a nuestras misiones o causas. El desarrollar una misión requiere que des de tí mismo y nunca recuperaras nada tangible más que satisfacción—y a veces admiración o gratitud de otros. Muchas personas que nunca van más allá del nivel de "las necesidades psicológicas" de la jeraquía de Maslow tienen problemas el dar sin recibir algo a cambio. Está bien y se entiende completamente. El problema está cuando alguien desarrolla lo que él o ella ve como una misión en la vida a lo que referimos como "el lado oscuro."

Como los Sentimientos se Interponen—El Lado Oscuro

Las películas de *Star Wars* (Guerra de las Galaxias) dan un gran ejemplo de como los sentimientos se interponen para mejorar. Dos de las estrategias del trama de la película que son muy profundas en las películas *Star Wars* (Guerra de las Galaxias) son "la fuerza" y "sentimientos". Esos conceptos han sido puestos en lo más hondo de nuestro inconsciente por la exposición de los medios de manera repetitiva de Star Wars algo que es apoyado a un más por la era digital en que vivimos. En general la "fuerza" nos hace pensar en algo mágico, en un poder místico o energía penetrando a todo en el universo. Al emplear tus sentimientos podemos tener acceso a la fuerza y sabremos que es la verdad y la realidad. Por lo menos así es como las peliculas de antes lo representaban. El concepto "la fuerza" de Star Wars fue adaptado de las escrituras de Carlos Castañeda como una manera de permitir y explicar las hazañas y los conflictos superhumanos de los *Jedi Knights* y de *Sith*, los Jedi anteriores que eligieron seguir el "lado oscuro" de la fuerza. Varias explicaciones de la fuerza han sido mencionadas en las películas. La "fuerza" ha sido descrita como un "campo de energía" creado por todos los seres vivos (compuestos de) "una forma microscópica de vida".. que está en todas las células vivas (*The Phantom Menace, 1999)*. Tal vez son demasiados detalles para personas que sólo les gusta las peliculas. Sin embargo, casi todos conocen el término *el lado oscuro*.

La física ciertamente relata que el universo está saturado con una fuerza de energía oculta en toda materia y tal vez en todas partes. Es energía que existe en materia oscura (invisible) y de forma visible. Hay fuerzas de gravedad, campos de energía electromagnética y energía que contiene plasmas. Estas cosas pueden ser vistas como mágicas ya que no es muy claro como *siempre* funcionan, como *siempre* existen, exactamente como se conectan y que es lo que pueda significar. No podemos decir que al tener acceso a ellas uno puede saber la verdad más allá de las leyes de física. La física ha descubierto mucho pero lo que no se sabe del universo es mucho más grande de lo que *sí* se sabe. Como se aplica todo esto a nuestro tema tal vez no sea claro así que lo explicaremos.

Empezando en los años de los cincuenta un movimiento fuerte empezó en psicología y terapia que usualmente se refiere como el enfoque "humanista" (Rogers, 1951). Fue una idea centrada en la suposición que las personas son buenas por naturaleza y que el enfoque de terapia necesitaría ser en toda la persona en sí y no en las partes que nos hacen quien somos. El movimiento potencial humano, la idea de autorrealización, terapia centrada en el cliente, y teoría holística adaptaron conceptos y técnicas del enfoque humanístico.

Una de las técnicas básicas y fundamentales en terapia "humanista" o "centrado en el cliente" es comprensión. En psicología éste tipo de comprensión se le llama empatía. Muy seguido terapeutas ayudan a sus clientes a entenderse a sí mismos por medio de explorar, expresar y aclarar sus sentimientos. En sesiones individuales o en grupo frecuentemente se les hacía la pregunta "¿Como te sientes al respecto?" Y así los sentimientos y las respuestas se le repetían al cliente para que todo fuera muy claro a la mayor extensión posible. Era un esfuerzo el indagar los sentimientos para saber la verdad y la realidad de las situaciones.

La idea es que cuando los sentimientos de verdad se entienden, la parte buena del humano se hará cargo y hará lo que es necesario. La empatía es parte del proceso. Los terapeutas se supone que no solo ayudan a los clientes a entender sus sentimientos, pero el terapeuta también tiene que entender estos sentimientos de la misma manera que el cliente y luego poder comunicarle ese entendimiento a los clientes. Antes de que sigamos queremos aclarar que no estamos criticando este enfoque. Este método es muy efectivo para muchas cuestiones y problemas. Por ejemplo al trabajar con adolescentes les puede ayudar tomar buenas decisiones acerca de la Universidad, entrar al mundo laboral, y decidir en una carrera. Este enfoque también puede ayudar a una persona aclarar sus metas. Pero en algún momento, la idea se difundió y eventualmente se expandió en algo que no debió.

Un ejemplo de esto es que algunas escuelas empezaron a tomar más en serio los sentimientos de los estudiantes que la misma educación y el aprendizaje de las materias. El darle a los estudiantes bajas calificaciones fue disuadido porque podría lastimar sus sentimientos. Muy pronto todos tenían que tener un trofeo por "intentar" porque el no tener un trofeo podía lastimar sus sentimientos. Nuestros sentimientos poco a poco se volvieron más importantes que la realidad y los hechos. En realidad, los sentimientos a veces se eran más importantes que las habilidades y los conocimientos. Los sentimientos paulatinamente se convirtieron en excusas muy convenientes para todo. Se usaban los sentimientos como justificación para todo tipo de comportamiento. No estamos diciendo que los sentimientos no importan. Estamos diciendo que los sentimientos nos pueden limitar al interponerse. Los sentimientos ponen límites y pueden impedir nuestro crecimiento. Los sentimientos pueden desviar a cualquiera de encontrar o permanecer en el camino verdadero. Los sentimientos pueden convertirse en todo lo que le importe a una persona. Nos pueden hacer el centro del universo evitando que veamos fuera de nosotros mismos o de verdad saber qué es lo que tenemos dentro. Nuestros sentimientos nos pueden impedir el entender o acercarnos a otras personas y hasta pueden causar que personas se alejen.

Una verdad acerca de los sentimientos puede entenderse recordando todas las veces que te lastimaron tus sentimientos y de qué manera respondiste. En esos momentos a lo mejor dejaste de intentar, agrediste alguien, terminaste la relación, renunciaste a un empleo, o muchos otros comportamientos que terminaron algo que era importante. Hay otra cuestión acerca de la importancia de los sentimientos que pone en duda nuestra obsesión social hacia ellos. ¿Si nuestros sentimientos son tan importantes, porque creemos que los sentimientos de algunas personas son más importantes que otros? ¿Por qué mis sentimientos son más importantes que los tuyos? Es simple. Son míos. Nuestros sentimientos no siempre están apegados a la realidad pero están conectados a creencias de nosotros mismos que nos hacen ser la persona más importante que existe. Esto es naturaleza humana. En nuestras mentes cada uno de nosotros es el centro del universo. No hay nada malo en esto siempre y cuando lo entiendas y no permitas que te controle.

En *Star Wars* (Guerra de las Galaxias), el unirse al lado oscuro pasaba cuando supuestamente los sentimientos de un personaje eran lastimados o no recibía el reconocimiento que el personaje creía que merecía. Los sentimientos heridos lo consumían al igual que el enfoque casi completo de la atención consciente del individuo. Los sentimientos eran muy importantes y abrumaban la lógica y cualquier preocupación por los demás. El lado oscuro era expresado externamente por un comportamiento que mostraba que los deseos personales pesaban más que cualquier misión superior. Poder, avaricia, y tener control sobre los demás son manifestaciones del lado oscuro. Claro todo esto es de las películas. Si te parece relevante o no, ya es cosa tuya. Percibimos la verdad en diferentes lugares que pueden ser utilizados para explicar estas ideas a otros. Sin embargo, hagamos esta idea relevante a desarrollar una misión en la vida y en el camino verdadero. Si tu misión en la vida y en el camino en la vida tiene que ver con poder, avaricia, o controlar a lo demás, entonces no es lo que la teoría de Maslow propuso acerca de autoactualización y autotrascendencia.

Sentimientos y Creencias

La conección entre creencias y sentimientos está muy bien establecido en la psicología y ya lo hemos mencionado muchas veces en éste libro. Hasta ahora, no lo hemos mencionado a fondo. Les expondremos la conclusión a que llegaremos acerca de los sentimientos antes de que intentemos de explicar como llegamos a esta conclusión. *Feelings can be destructive, can be inherently limiting and can be wrong* (Wanis, 2017). (*Los sentimientos pueden ser destructivos, pueden ser inherentemente limitantes y pueden estar equivocados*). Muy probablemente has escuchado el dicho, "los sentimientos no están bien ni mal. Simplemente son." Esto no es cierto. Los sentimientos pueden estar equivocados. No siempre, pero a veces sí. Si no te gusta la palabra "equivocado" pregúntate si los sentimientos pueden tal vez ser *ser erróneos o basados en una interpretación falsa*.

Para explicar esto usaremos un par de ejemplos extremos. Empezaremos por racismo. El racismo está basado en una serie de creencias. Las creencias que se relacionan al racismo agrupan a personas de cierto color, origen o herencia étnica. Las creencias son inmediatamente aplicadas o proyectadas a individuos que están en cualquier categoría o descripción de la cual se refiere la creencia racista. Dentro de estas creencias hay sentimientos muy fuertes. Todo lo que tienes que hacer es retar las creencia racistas de una persona y observaras inmediatamente como se expresan los sentimientos. Esto puede llevar arrebatos emocionales y comportamientos destructivos. Mientras que las creencias son el verdadero problema, la mayoría de las respuestas de comportamiento de las personas son determinadas por sus sentimientos. La respuesta de comportamiento de una persona a lo que siente puede volverse altamente destructiva, como prácticamente todos saben. Es por eso que hemos dicho que algunos sentimientos están equivocados.

Parece que es más preciso decir que algunos sentimientos son er-róneos.

Los puntos de vista políticos son otro ejemplo y uno que se ha convertido más frecuente en la sociedad moderna. Hay muy po-cas discusiones amigables que acontecen entre personas que *creen* muy firmemente en su identidad política con las que tienen pun-tos de vista considerablemente diferentes. Toma en cuenta que tu identidad es algo muy personal. Tu identidad se compone de todas las cosas que crees de tí mismo y como encajas en este mundo. Los sentimientos que surgen cuando las partes de nuestra identidad son cuestionadas pueden ser la causa que una persona se siente sensible y hasta enojada. Las personas que son guiadas por estos sentimientos se pueden enfurecer tanto que a veces lo ven como su deber y obligación de hacer lo que sea necesario para callarse o callar a los demás. Recuerda, todo esto es derivado de creencias profundas.

Hay sin número de ejemplos más pequeños y menos severos de lo que el poder tan destructivo y limitado de los sentimientos pueden ser. A veces sólo una palabra o un comentario malicioso puede terminar una relación. Incluso la manera que ves a otra persona puede suscitar sensaciones basadas en lo que sus creencias les dicen acerca de las expresiones faciales que les hiciste. Estos ejemplos solo quieren decir que *es fácil lastimar los sentimientos de algunas personas.* Hay muchas familias que tiene parientes que han jurado no ver a cierto familiar por haber percibido ciertos de-saires e insultos—les hirieron los sentimientos. Esta clase de situ-ación también pasa frecuentemente en el ambiente de trabajo. Es más difícil tratar con situaciones como esta en el ambiente laboral porque empleados deben ir a trabajar cada día y verse. Miembros de la familia pueden evitar ir a reuniones familiares.

Creencias y Sentimientos: Quieres estar en lo Cierto

Hay otro aspecto acerca de creencias y sentimientos que no hemos mencionado, pero que es importante. No entraremos en mucho detalle porque es un concepto muy simple. *Las personas quieren estar en lo correcto.* Ellos discutirán enfáticamente que están en los correcto acerca de sus creencias y que cualquier creencia contradictoria está equivocada. Este impulso de estar en lo correcto ciega a las personas. A fin de cuentas en pocas palabras es un hecho que las personas prefieren estar en lo correcto que ser felices. Insistimos que nuestros sentimientos son justificados porque nuestras creencias son correctas. Nuestra ceguera nos impide tomar en cuenta los sentimientos de los demás.

Hay tal cosa como, *"ceguera causada por una creencia"*. En una serie de artículos (2011) el psicólogo Daniel Kahneman le llamó "theory induced blindness" (ceguera inducida por la teoría). Es *"una adherencia a una creencia acerca de como el mundo funciona el cual te impide ver como el mundo realmente funciona."* Está relacionada al proceso psicológico llamado *confirmation bias (sesgo de confirmación)*. Esto es cuando una persona tiene una determinada creencia, que él o ella ignora y descarta los sucesos que muestran que la creencia está equivocada. En resumen tendemos a ignorar las excepciones de nuestras creencias. Las personas se enfocan y solamente ven los sucesos que confirman nuestra creencia. En breve, cuando solo vemos una cosa, muy seguido no vemos todo lo demás. Ceguera causada por una creencia y sesgo de confirmación son pocas veces conscientes. En otras palabras, cuando una persona es influenciada por estos procesos psicológicos, no se dan cuenta. Piensa en esto por un momento. Cuando tienes una creencia acerca de algo y decides buscarlo en el internet dejas de buscar si los resultados en la primera página van en contra de tu creencia. Inmediatamente ¿admites que tu creencia está equivocada? Lo más probable es que si tu creencia es lo suficientemente fuerte sigues buscando hasta que encuentres resultados que respaldan tu creencia. Esta es una práctica muy común cuando personas tienen sentimientos intensos acerca de algo. Buscan y buscan hasta que encuentran algo que respalden sus creencias para poder justificar sus sentimientos.

¿En lugar de ir más lejos, vamos a preguntar que puede o debería hacerse para cambiar las creencias fundamentales y erroneas de otras personas, las creencias irracionales y falsas que impulsan sus sentimientos y emociones? La respuesta te sorprenderá. *Nada.* No podemos hacer nada para que alguien cambie sus creencias.

Puedes intentar discutir con gente acerca de sus creencias pero no cambiará mucho excepto puede que la otra persona crea aún más en ellas. Pero no estamos hablando acerca de los demás. Estamos hablando de tí y cada uno de nosotros como individuos. ¿Puedes cambiar *tus* creencias? Si, a veces. Puedes estar mejor informado, tener más conocimientos, y desafiar a tus creencias de la manera que te hemos demostrado usando el método ABCD. Busca las excepciones a tus creencias. En lugar de de ver estas excepciones como excepciones, es mejor verlas como verdades que contradicen tu creencia principal. Otra cosa que puedes hacer es sencillamente aceptar que tu no sabes siempre la verdad. Esto te puede sorprender, pero hay consuelo al aceptar que no siempre sabes la verdad absoluta. A veces tienes que estar bien con no saber y ten en cuenta que cualquier creencia o sentimiento que tienes acerca de algo te crea limitaciones. Pero hay otra manera de afrontar los sentimientos producidos por las creencias—tal vez una mejor manera y más eficiente. Y está directamente relacionada a los sentimientos. *Tú tienes que quitarle el poder a tus sentimientos.* Logras esto haciendo de manera consciente que tus sentimientos sean irrelevantes.

Hacer que los Sentimientos sean Irrelevantes

Con el fuerte impulso social de que los sentimientos sean importantes, puede parecer que el hacer tus sentimientos irrelevantes sea una tarea imposible. ¿Así que es posible no hacerle caso a los sentimientos? ¿Puedes ignorar tus propios sentimientos? ¿Es posible hacer tus creencias irrelevantes? ¿Es posible quitarles el poder? Si, si se puede.

Para hacer esto, hay que tener consciencia de sí mismo y mucho control por lo menos cuando empiezas hacerlo. Y requiere practicar de manera regular. Aquí está un ejemplo que viene a la mente, y es la primera vez que el primer autor (Greg) recuerda haber practicado éste método. De 1985 al 2010 Greg hizo literalmente cientos de talleres de una semana de duración a terapeutas, psicólogos, agentes de libertad condicional, y otros que han tratado a delincuentes que abusan de substancias. Al mismo tiempo, también dió clases en varias escuelas y universidades a terapeutas y escribió y publicó varios libros de texto. Muchas veces la misma pregunta se planteó de algún asistente en los talleres o clases. "¿Que piensas de la marihuana?"

Uno de los libros de textos que escribió Greg se tituló *Psychopharmacology* (Little 1997). Este libro se trata de como las drogas funcionan en tu cerebro e incluye un capítulo extenso en marihuana. Se analiza la investigación de los efectos de la marihuana pero el libro no emite una opinión de la marihuana con respecto si es buena o mala o si debería ser legalizada. Desde la primera vez que se planteó la pregunta "¿Qué piensas de la marihuana?" hasta hoy, se ha dado la misma respuesta fundamental. La respuesta es, "no importa lo que yo pienso". Y la pregunta usualmente se vuelve hacer a la persona que la hizo al principio: "¿Por qué te importa lo que yo pienso de ella?"

Puede que encuentres el párrafo anterior un poco inquietante en algunos aspectos. Pero fue una respuesta que se planeó y fue formulada con premeditación y con una intención específica. El razonamiento se hizo tomando en cuenta los conocimientos de varios expertos y no expertos que ya habían dado su opinión acerca de la mariguana. Los Estados votan acerca de la legalidad de la marihuana y en cada voto la "opinión" registrada es equitativa. Una opinión expresada de más se consideraba inútil y podría provocar demasiada discusión y posibles disputas en la clase. En todos los talleres y clases en la Universidad el enfoque era el tratamiento para los delincuentes y personas que abusan de substancias. Las opiniones acerca de lo que pensaban de la marihuana eran irrelevantes al tema que se estaba enseñando y hubiera sido una distracción. Simple y sencillamente, todos queremos estar en lo correcto y que otras personas estén de acuerdo. Si otros no están de acuerdo entonces queremos mostrarles que están equivocados y que nosotros estamos en lo cierto. *Para algunas personas el estar correcto puede ser mucho más importante que el ser felíz. El tener razón es un esfuerzo inútil que implica el discutir las creencias.* No lleva a ningún parte de provecho y no hay ningún beneficio para nosotros ni para los demás. Con respecto a la pregunta de la marihuana, entre más sepas acerca de las investigaciones, más turbio será. Para hacerlo personal no es que "yo" no tenga algunas creencias acerca de ella es que no quiero que mis creencias influyen las creencias de otros acerca de éste tema. Lo importante de ver es que necesitas reconocer que una creencia sólo es eso—una creencia. Las creencias no necesariamente reflejan la verdad absoluta. En síntesis hubo una decisión consciente de hacer irrelevante las creencias y sentimientos acerca de la marihuana. Y entre más se practicaba y se hacía, más fácil fue.

Este es un ejemplo más común donde muchas personas se pueden relacionar. Si estas casado e intentas permanecer casado es sabio aprender como hacer algunas creencias y sentimientos irrelevantes. Hay veces que en un matrimonio tus sentimientos no importan, pues otras cosas pueden ser más importantes.

Ciertamente no estamos diciendo que no debes de hacer todas tus creencias y sentimientos irrelevantes. No puedes y no debes. Algunas creencias y sentimientos sin duda deberían de ser expresados. Aunque entiende que siempre hay consecuencias cuando expresas verbalmente o demuestras estas creencias o sentimientos. Hacer tus sentimientos irrelevantes en situaciones comunes te hará una persona más feliz. Al hacer esto, tu camino verdadero será más claro.

Queremos citar otro ejemplo de creencias y sentimientos fuertes. Muchas personas creen en Dios, la existencia del alma, vida después de la vida, o algún tipo de sistema religioso o espiritual. Luego hay innumerables escépticos que se burlan de estas creencias, ridiculizan a los que creen en ellas, e intentan imponer sus creencias en el sistema educativo y en los medios de comunicación. Y los otros creyentes muy a menudo intentan imponer sus creencias. Pero todo se trata de creencias, fe y convicciones en ambos lados. No hay prueba científica aceptada ampliamente de ninguno de los lados y los hechos pueden ser vistos de diferentes maneras. En breve, es la *creencia* que motiva ambas partes. No estamos preocupados con lo que pienses o sientas acerca de éste aspecto—*todo lo que importa es que es lo que haces por tus creencias.* Desde una perspectiva racional esto es lo que más importa. *Si la creencia nos brinda consuelo y no se impone en los demás restringiendo su libertad entonces no hace daño. El daño viene de la burla y del comportamiento intolerante de los demás. La gente necesita libertad para poder escoger.*

Lo más probable es que hay muchas cuestiones en las que crees y sientes de manera muy profunda. Las cosas más "pequeñas" son acerca de otras personas y nuestras relaciones. Muchas veces los insultos, desaires, y diferencias de opinión se vuelven fuera de control al discutirlos. Puedes escoger un ejemplo de tu vida que te han herido tus sentimientos y práctica el hacer tus sentimientos irrelevantes. Empieza simplemente en no decir que piensas o como te sientes. A veces podrás decir, "No importa lo que pienso..."

Claro que a veces hay unas cuestiones que se vuelven discusiones muy serias. ¿Cuando se muestran fuertes sentimientos en dos lados muy diferentes que haces? Por ejemplo si el tema de aborto surge en una reunión familiar y has tenido discusiones muy fuertes con familiares acerca de éste tema, puede ser una buena idea de tratar de no dar a conocer tus creencias ni dar tu punto de vista de lo que se está diciendo. Piensa que estás practicando hacer tus sentimientos irrelevantes en situaciones críticas. Puedes decir algo como, "Creo que voy a pasar" o "Tú sabes que opino acerca del aborto, hablemos de otra cosa en que estemos de acuerdo." O puedes simplemente hablar con alguien más. Lo único que que no vas a "tener" son las discusiones y que te hieran tus sentimientos. Recuerda lo que dijimos anteriormente, ciertas creencias están muy arraigadas y en general no cambian por tener una discusión con alguien que tiene opiniones diferentes a las tuyas. Conforme pasa el tiempo se vuelve más fácil el censurarte a tí mismo y no decir todo lo que piensas o sientes, especialmente si lo haces constantemente. Lo que posiblemente pase es que tus relaciones funcionen y se sientan mejor. Te sentirás emocionalmente más seguro. Y más importante, serás más feliz y estarás más satisfecho.

Por otro lado, hay veces y ciertos condiciones que el expresar tus sentimientos y opiniones es lo correcto. Hay veces que debes de pelear por las cosas en que de verdad crees. Así que vota, participa en campañas de petición, respalda a una causa importante, y ayuda agencias que apoyan a causas que te interesan. Pero pregúntate que tan importante es iniciar una pelea en una reunión familiar por una causa o una creencia. A veces todo lo que se necesita hacer es un comentario para terminar tales cosas: "Tú ya sabes lo que pienso no hay motivo para hablar más de esto."

Ser Víctima vs. Ser Sobreviviente

Cosas malas le pasan a la gente, desafortunadamente le pasan a todos. Si algo malo aún no te ha pasado, espera. Eventualmente te llegará. Algunas personas son víctimas de otros o de circunstancias que los dejan heridos muy profundamente, de manera física, mental y emocional. Las consecuencias se sienten por mucho tiempo y son profundas. Todo esto puede llevar a periodos prolongados de depresión, ansiedad, cobardía, enfado y otras cosas. Si sientes algunas de estas cosas, te recomendamos el buscar ayuda profesional. Muchas personas que han sido víctimas convierten su victimización en su misión de vida. Se vuelven activistas. Abren o ayudan a un albergue que asiste a diferentes tipos de víctimas. Pero para poder llegar a ese punto, primero tienen que verse a si mismos como "sobrevivientes."

Hay unas razones obvias porque muchas personas adoptan la identidad de víctima. Muchas personas adictas a las drogas y que han cometido un crimen se relacionan con ser las víctimas. El ser una "víctima" les otorga una identidad y una serie de excusas no razonables. Puede ser como un "club" requiriendo que se tenga un enfermedad para tener el estatus de socio. Hace el pasado responsable por el presente. Puede hacer que la sociedad sea responsable. Puede obtener compasión y esto ser una manera de absolver a uno mismo de toda responsabilidad. Puede ser un juego interminable que evita que la persona encuentre felicidad y su propio ser. Identificándote como víctima te mantendrá estancado y no tendrás la libertad de escoger una nueva identidad.

Muchas personas que han sido víctimas intentan continuamente de superar su identidad de ser víctimas. Pero el "tratar" solo nos prepara para tener excusas para fracasos. Como *Yoda* el sabio de Star Wars dijo, "Hazlo o no lo hagas, no existen los intentos". Puede ser algo muy difícil de aceptar pero es necesario. Lo que significa es sencillo. Sigue intentándolo hasta que tengas éxito. A veces tienes que seguir adelante, sigue tu vida y deja el pasado atrás. Tienes que verte como un sobreviviente. Y eso no es fácil. Si fuiste víctima en el pasado y estás leyendo esto eres un sobreviviente. Recuerda que una de las ideas principales que hemos enfatizado

una y otra vez en éste libro es que el pasado ya pasó. Tú controlas lo que haces ahorita, en el momento presente. Si tu identidad
principal es de ser "víctima" tú estás escogiendo esa identidad. La
realidad es que eres un sobreviviente. Has sobrevivido la (s) cir-
cunstancia(s) que te hicieron víctima.

Una idea que rara vez se expresa en psicología acerca de la
identidad de la víctima está relacionada con la influencia inconsciente que tienen nuestras creencias y las cuestiones profundamente
arraigadas. Esto es una idea muy profunda e importante, que estamos a punto de expresar en diferentes palabras. De hecho, es tan
profunda que necesita su propio libro. Pero sólo lo vamos a mencionar. Puedes tomarlo en cuenta o lo puedes ignorar. *No puedes
cambiar las cosas en el inconsciente. Permanecerán allí mientras que
vivas. Pero puedes darte cuenta de esto y entender como te influye
por lo menos temporalmente, solo ten en cuenta que entendiéndolo
no lo hará desaparecer.* Nunca se irá. Usualmente se hunde fuera
de conocimiento. Qué haces? *Tienes que hacerlo irrelevante.* El
escape de la identidad de víctima empieza con aceptar que eres un
sobreviviente. Cambia lo que crees desafiando las creencias que te
hacen sentir como una víctima. Y finalmente tienes que hacer que
tus sentimientos de ser víctima sean irrelevantes. Definitivamente
no es sencillo y tomará práctica continua para que esto suceda.

Práctica

Terminaremos este capítulo con unas más sugerencias acerca
de como practicar el hacer los sentimientos irrelevantes. Primero, tienes que estar consciente de circunstancias y situaciones
donde uno o más de tus creencias son estimuladas o desafiadas. Y
tienes que estar consciente de tus sentimientos en el momento que
aparezcan. *Tienes que tomar una decisión de estar consciente de tí
mismo y tienes que ejercer auto-control.* Tienes que tomar una decisión de antemano de mantener tus sentimientos y opiniones en
regla. Ahora, te daremos un ejemplo.

Digamos que en una plática alguien empieza hablar de política. Y como usualmente pasa, se expresan puntos de vista, se inicia
una discusión y sale a relucir el coraje. Que haces cuando alguien

pregunta "¿Que piensas?" una buena respuesta es, "Pues solo estoy escuchando". Y luego sólo observa y escucha. Al continuar te darás cuenta que lo que tú piensas acerca del tema no importa si no estás de acuerdo con uno de los dos lados. Claro que el lado contrario va a querer discutir contigo. Recuerda que la gente quiere que sus creencia sean las correctas y que sus sentimientos sean justificados. Como práctica resiste el compartir algunas de tus creencias y sentimientos.

Aquí está otra situación hipotética. Imagínate que alguien trata de aprovecharse de tí pidiéndote que hagas algo por ellos o que les des algo. Inmediatamente sientes resentimiento y un poco de ira. No expreses ninguno de los sentimientos. Puedes escoger hacer lo que te piden o decir muy casualmente, "No lo puedo hacer". Y ya. Puede que quieras contestarle mal a esa persona o vengarte, pero aquí tienes un secreto. Las personas intentan "tomar ventaja" de los demás todo el tiempo. Es algo que hacen los humanos. No tiene sentido el enojarse por una característica que casi todos los humanos tienen. Tu decides si lo que piden es algo que de verdad quieres hacer o no. Que dices si la otra persona pregunta, "¿Por qué no lo puedes hacer?" Prepara una respuesta. Una respuesta que de verdad nos gusta es, "Tengo muchas responsabilidades y quiero estar seguro que las puedo cumplir". No estás obligado a dar más información, pero si te preguntan por detalles puedes decir que hay muchas otras para mencionarlas. Y te retiras.

Esta es una situación de la vida real acerca de como hacer tus sentimientos irrelevantes. Una amiga (le llamaremos Tess) tenía una vecina que no era muy amigable. Un problema de erosión se formó en la propiedad que compartían y Tess no podía hacer que la vecina respondiera a sus peticiones para que juntos resolvieran el problema. Tess le habló y mandó mensajes intentando hacer sugerencias de como arreglarlo. La vecina a veces le contestaba y estaba de acuerdo que había un problema que necesitaba ser resuelto pero nunca daba seguimiento llamándole a Tess para comentar. La vecina algunas veces acusaba a Tess de haber causado el problema de erosión, lo cual no era cierto. Las acusaciones causaron que Tess estuviera enojada y el resentimiento incrementaba hacía la vecina. Tess finalmente decidió arreglarlo y pagar ella misma, pero ningún contratista podía completar el trabajo sin el permiso de la vecina. Muchos otros intentos se hicieron para resolver el problem en el curso de cuatro años—mientras que el suelo se desgastaba. Finalmente Tess encontró una compañia que accedió arreglar el problema por una cantidad muy alta. Tess sabía que si esperaba que la vecina quiciera ayudar a pagar o responder sólo albergaría rencor y la erosión coninuaría y la propiedad se iba a devaluar. Así que Tess le mandó un recado escrito a su vecina diciéndole que lo iba arreglar y que lo pagaría. Posteriormente durante una llamada telefónica hubo un interrogatorio y una última acusación de que ella había provocado el problema. Tess enfurecida le quiso responder inmediatamente pero se controló y dejó que sus sentimientos fueran irrelevantes—para que el problema fuera resuelto. Al hacer esto, la tensión se tranquilizó y la actitud de la vecina cambió completamente. Al final de la llamada la vecina estuvo de acuerdo en que los trabajadores entraran a su propiedad y el problema se resolvió. Tess se dió cuenta que la única manera de completamente resolver el problema y seguir adelante era que sus sentimientos hacia la vecina fueran irrelevantes y enfocarse en encontar la solución con la cual podía vivir.

CAPÍTULO 10

Carácter y Libertad para Cambiar

Nick Saban es actualmente el entrenador principal para el equipo de fútbol de la Universidad de Alabama. Es uno de los entrenadores más conocidos en la historia. Pero el récord de éste entrenador no es nuestro enfoque; es lo que enfatiza a sus estudiantes-atletas que es importante. No importa si creés o no en los deportes universitarios—sólo leé lo que él dice.

Saban rutinariamente les dá un discurso a su equipo novato cada año. La mayoría de los miembros del equipo tienen 18 años y acaban de terminar la preparatoria. En su discurso enfatiza la idea de desarrollar su *carácter*. En uno de sus discursos a su equipo el cual fue grabado (2013) acerca de carácter, dijo, "Es una acumulación de pensamientos, hábitos y tus prioridades: lo que piensas, lo que haces, y lo que es importante para tí". El dijo que esas partes (pensamientos, hábitos y prioridades) "determinan lo que escoges, y lo que escoges es lo que haces y lo que eres". La clave es la disciplina, y el dice que el decidir ser disciplinado es una decisión. Su definición simple de carácter es: *"Lo correcto, la manera correcta, en el momento preciso, todo el tiempo"*. Has esto y tendrás disciplina y carácter.

Lo correcto para cada uno de nosotros se determina por nuestro camino verdadero. El camino correcto es usualmente más obvio. Estamos seguros que la mayoría de la gente entiende lo que es bien y el mal. Sin embargo algunas personas no les importa hacer las cosas de manera correcta. Pero la verdad es que el camino verdadero y la felicidad depende de hacer lo que es correcto y seguir principios en la vida. Piensa en una tarea o un deber que te apresuraste hacer y no lo hiciste correctamente. Lo más probable es que tú o alguien más tuvo que hacer parte o el total de esto otra vez. Hiciste una decisión que te costó más tiempo y esfuerzo de que si lo hubieras hecho bien la primera vez. La "manera correcta" usualmente mejora nuestra vida de cierta forma y nos permite continuar nuestra trayectoria.

Barreras Inconscientes

Hay muchas barreras que las personas enfrentan al hacer lo que es correcto, de la manera correcta, en el momento preciso, todo el tiempo. La gente toma atajos y se vuelve flojo. Recuerda que uno de nuestros impulsos primordiales es de tener y hacer más fácil nuestra vida. Tomamos el camino de menor resistencia y lo hacemos sin tomar decisiones claras y conscientes. En nuestro mundo moderno no es tan difícil el tener una vida fácil la mayoría del tiempo. El tener una identidad de víctima también crea una barrera. Pero las barreras más grandes son de todas esas creencias girando debajo de la superficie con sentimientos atados a ellas. Tomando atajos, siendo una víctima, culpando a otros y queriendo tener una vida fácil se interpone en el camino de la felicidad. Y hay barreras al querer encontrar la misión de tu vida, tu propósito, tu camino verdadero, y lo que llamamos tu verdadero ser. En cuanto al encontrar tu verdadero ser y la misión de tu vida, te aseguramos que hay ciertas características de personalidad y condiciones que son prerrequisitos necesarios.

Libertad Para Cambiar

Encapsulado en el término 'Libertad para Cambiar" hay una lista de principios y pautas que llevan al carácter y a la felicidad. Estas son: Libertad, Responsabilidad, Educación, Iluminación, Diligencia y Decencia, Obligaciones y Optimismo, Motivación; Dos Seres, Compromisos, Honestidad, Autenticidad, Nobleza, Sinceridad y Epifanía. Cada uno se comenta brevemente.

Libertad

La totalidad de este libro se trata de obtener libertad y tomar responsabilidad de ella. Esencialmente es acerca de ser libre de creencias que nos limitan y sentimientos que guardamos. Es libertad de tus propias fuerzas inconscientes. Como mencionamos en el capítulo anterior, no puedes hacer estas cosas desaparecer. Todo lo inconsciente siempre estará allí. Puedes entender tus creencias y sentimientos y desafiarlos pero al final tu tienes que hacerlos irrelevantes. Y esto toma práctica. Una manera fácil de practicarlo es de hacer cambios auténticos y visibles en tí mismo. Crea hábitos saludables, vístete para tener éxito. Cambia tus actitudes. Todos tenemos libertad mucho más de lo que sospechamos. Puedes cambiar un poco, o puedes cambiar todo de tí. Literalmente puedes crear un nuevo tú con un poco de esfuerzo. Cambia como actúas, cambia tus hábitos, cambia tus actitudes y comportamiento, o simplemente cambia como te vistes. Tienes libertad—acéptala y toma responsabilidad de ella.

Responsabilidad

La responsabilidad personal de nuestras vidas es de nosotros nos guste o no. Tú controlas tus acciones. Tu determinas lo que hacen tus manos, dónde vas, qué haces, y como respondes. Tú determinas si usas drogas o no, tomas, o te involucras en actividades dudosas. Tú determinas tu nivel de honestidad, amabilidad, y todas tus características personales. Tu salud depende ampliamente en tu comportamiento y hábitos. Tú eres responsable por tus acciones, y todo lo que haces tiene consecuencias. El aceptar responsabilidad es estar consciente y tomar decisiones sensatas. Si haces esto puedes encontrar felicidad y éxito en tu camino.

Educación

Las cosas cambian en el transcurso de la vida aunque no te des cuenta de cuanto. Aún lo que pensamos acerca de los conocimientos tiene una fecha de caducidad. En *The Half Life of Facts (2012)*

Samuel Arbesman relató que hay una porción de conocimientos que están o ya están obsoletos. Es impresionante el pensar que los conocimientos cambian, pero la gente cambia y el mundo en que vivimos cambia. Actualmente los conocimientos parece que tienen vigencia. Uno de los ejemplos que citó Arbesman es que los doctores antes afirmaban que el fumar era bueno para nosotros— una "verdad" que fue aceptada por años antes que se descubriera que de hecho era algo muy malo. Casi la mitad de los conocimientos médicos son obsoletos más o menos cada 8 años. Nos habían dicho que las úlceras eran *causadas* por estrés pero ahora sabemos que *empeoran* por el estrés pero que usualmente son *causadas* por infección o el uso prolongado de antiinflamatorios no esteroideos. Dependiendo de lo que leas el tomar vino tinto es bueno para nosotros, y según la investigación más reciente, el alcohol es malo aunque sea en cantidad pequeña. Y eso sin duda cambiará. Hay muchos más ejemplos pero tu entiendes. Piensa en como la manera de vivir nuestra vida ha cambiado dramáticamente en el último siglo. Los conocimientos cambian y evolucionan. La tecnología se adapta y evoluciona tan rápido que algunas cosas que vemos son obsoletos como usar látigos en una calesa. En el principio del libro mencionamos casas que estaban hechas lo que esencialmente es una enorme impresora de tercera dimensión usando un tipo de material reciclado similar al cemento. Hay también casas, establos, oficinas, y edificios que son descargados de una camioneta en cajas rectangulares poco comunes y grandes. Se oprime un botón y la estructura automáticamente se abre y se construye por sí sola. Todo lo que tienes que hacer es conectarla a electricidad y agua. Está lista para que se muden. Algunas de estas estructuras tienen sus propias fuentes de energía y de agua. Cuando la quieres llevar algún otro lugar oprimes un botón y se dobla y se empaca en la caja. Cosas así no se verán como algo especial pero más común en el futuro. Hay tantas cosas más que podemos mencionar aquí pero no es necesario. La manera de pensar es que siempre tienes que ser un estudiante de la vida. Tienes siempre que estar aprendiendo y ajustándote a cosas nuevas. Tienes que continuar tu educación. Pero ten en mente que la mayoría de lo que piensas como un hecho está basado en creencias. Algunas de ellas son obsoletas y/o incorrectas. Nadie comprende completamente o totalmente a éste mundo, pero algunas personas son mejores que otras. Entre mejor comprendas, serás más eficaz y serás más feliz. Contrario a lo que se creé el ignorar cosas no nos hacen dichosos. Ignorancia sólo es eso—ignorancia   La dicha viene de otras cosas. La educación es una de esas cosas.

Iluminación

La verdadera iluminación es tener conocimiento y entendimiento auténtico y luego actuar en esa sabiduría. Pero nos dicen que la iluminación máxima es tener conocimiento y entendimiento de uno mismo y como el yo se adapta en el mundo. Hay un proverbio del Budismo Zhen que se puede encontrar en cada libro que habla de iluminación. Es el siguiente: *"Antes de la iluminación, corta leña, y acarrea agua. Después de la iluminación corta leña y acarrea agua"*. No muchos de nosotros cortamos leña y acarreamos agua, pero lo que quiere decir es que por más iluminado que seas, la vida tiene sus deberes y responsabilidades. Después de la iluminación haces esas cosas con una actitud y propósito diferente. El encontrar tu yo y camino verdadero es tal vez el auténtico camino de la verdad. Pero no se puede obtener mientras que tus creencias y sentimientos forman la base de tus acciones. La parte de la iluminación que tiene que ver con el entendimiento del mundo viene de aceptar que de verdad lo que tú controlas es lo que haces en el presente hasta que no haya ningún otro momento.

Diligencia y Decencia

La diligencia es hacer un esfuerzo continuo y auténtico para alcanzar tus metas y lograr tus responsabilidades. Se relaciona a ser cuidadoso con nuestras acciones y ser persistente y consistente con nuestro comportamiento. Haciendo las cosas a medias, darse por vencido, y haciéndote la víctima se interponen con la diligencia. Enfocarte a tener una vida fácil te llevará a buscar placer y evitar dolor, y eso a su vez te lleva a muchas trampas. También el privar a otros y ser malo. Ya hemos mencionado muchas veces que la mayoría de los humanos quieren mejorar. Nosotros creemos que la mayoría de las personas quieren tener una vida noble y decente. La decencia es una cualidad personal que implica muchas características. Implica el querer hacer lo que está bien y no hacerle daño a los demás. Lo que dijo Warren Buffet en nuestros ejemplos anteriores ejemplifica por qué la decencia es inteligente. El dijo que, "La honestidad vale la pena, ser una buena y decente persona usualmente te lleva al éxito en los negocios". Arbesman (2012) citó a una investigación en la relación entre la "amabilidad" fundamental y el éxito de acuerdo a los científicos. El declaró "las personas más amables son más creativas, tienen más éxito y es más probable que ganen un premio Nobel". Y el ser decente produce relaciones duraderas y benéficas. Puedes incrementar las oportunidades de ganar un premio Nobel por ser amable.

Obligaciones, Observación y Optimismo

La vida está llena de obligaciones. Si las escoges, son tuyas. Cumple con ellas y mantén lo convenido. No seas falso o busques excusas para evitar tus obligaciones a las que te has comprometido. Si otros eligen obligaciones por ti, piensa por qué las has aceptado. Aprende de los errores que has cometido y no las repitas. Haz lo que tienes que hacer y hazlas con diligencia y decencia. Ten cuidado a no comprometerte a cosas que no se relacionan a tu camino de la verdad. Al mismo tiempo aprende a observar las cosas de la vida. Muchas situaciones deberían de ser observadas y aprender de ellas en lugar de involucrarse en ellas. Los muchos ejemplos que hemos citado acerca de discusiones sobre creencias nos muestran como el participar en estas discusiones no llevan a nada bueno o benéfico para ninguna de las partes. Aprende a observar tus creencias y sentimientos en lugar de permitirles que ejerzan control sobre tus acciones y decisiones. El hacer esto te permitirá ser más optimista. En un mundo lleno de pesimismo, puede ser difícil el convertirse y permanecer optimista. Pero ser optimista de tu vida trae numerosos beneficios potenciales. Hay evidencia muy clara que el tener un panorama optimista fomenta una variedad de beneficios en la salud. Nadie sabe exactamente porqué sucede esto pero enfermedades del corazón y otras enfermedades crónicas tienden a estar menos presentes en personas que son optimistas. (Harvard 2008).

Motivación

Que tan exitoso eres en la vida depende de varias cosas. Suerte, al estar en el lugar correcto en el momento preciso, teniendo ciertas aptitudes y habilidades, la gente que conoces, conexiones sociales, y otras cosas que juegan un rol para tener éxito. Pero el factor más grande y más importante del éxito eres tú y tu motivación. O quieres algo tanto así que te motivas y las consigues o no lo estás y no las obtienes. Se trata de tener el deseo y la voluntad para hacer cosas que te lleven a tener lo que quieres en la vida. Tú controlas tu motivación. Recuerda que tenemos una tendencia inconsciente de seguir el camino de menor resistencia. Esencialmente buscamos llevar vidas que son fáciles. El tener motivación es una decisión y toma un poco de esfuerzo. Tienes que elegir o las fuerzas interiores, que te guían en tu camino de menor resistencia para tener una vida fácil y poca satisfactoria se harán cargo.

Dos Seres

Ya deberías de haber entendido que hemos intentado de explicar que la gente tiene dos seres. El ser que eres hoy y el ser que te estás esforzando por alcanzar el yo verdadero. En la vida, todos nos esforzamos por superarnos, por ser algo más de lo que somos ahora. Creemos que la forma definitiva de esforzarnos por superarnos se manifiesta cuando una persona descubre su camino verdadero. No vas a encontrar la felicidad y satisfacción verdadera hasta que descubras tu yo verdadero y tu camino verdadero. Recuerda, sin embargo que tu camino verdadero no implica que solo hay un trabajo perfecto o una carrera perfecta para tí. Implica que hay probablemente una manera correcta de vivir y dirigir tu vida. Lo que elijas determina si sigues o no ese camino. El mantenerte como eres es fácil. Estás condicionado a no cambiar. Y el tener una vida fácil es una de los impulsos primordiales del ser humano.

Parece que mucha gente prefiere tener una vida infeliz, sin satisfacción pero fácil. Si esa es tu meta no tendrás motivación para cambiar, y encontrarás excusas de mantener las cosas como son. Llegar a ser quien de verdad quieres ser, tu yo superior, es un reto, y el lograrlo requiere de fuerza de voluntad y comprometerte hacer cambios necesarios en cómo vives tu vida.

Compromisos

Compromisos son acuerdos. Estos acuerdos pueden hacerse con otras personas o los puedes hacer contigo mismo. Ya lo hemos dicho pero lo vamos a decir otra vez. Respeta tus compromisos, si te has comprometido algo hazlo—llévalo a cabo. Esto se relaciona a una honestidad fundamental. Sin embargo, el convenio más importante en la vida, aparte de el cuidar de los hijos y relaciones cercanas son las que te haces contigo mismo. Comprométete a ser la mejor persona posible. Compromét a no ser guiado por la fuerzas inconscientes. Comprométete a tomar el control de lo que haces y las decisiones que tomas. Comprométete de ser consciente de tus creencias y sentimientos y como influyen tus acciones en el mundo que vives. Cuando rompes uno de tus compromisos o no lo puedes hacer aprende de él. No seas complaciente y dejar que las cosas pasen. Se consistente en avanzar en tu camino de la vida.

Honestidad

La honestidad es lo fundamental en todo lo que se relaciona con la felicidad y éxito. La gente miente. Esa es una verdad básica en psicología y tal vez ya lo sabes. El mentir esconde cosas. Esconde cosas que no queremos enfrentar admitir a nadie. Seamos claros, no estamos diciendo que cualquiera puede ser honesto. "Perfectamente honesto" es una meta ficticia. Lo que estamos diciendo es que cuando eres honesto tu vida será mejor. Mintiendo puede parecer hacer las cosas más fácil y una vez más enfrentamos la idea de que somos motivados a vivir una vida fácil y de tomar el camino de menor resistencia. Pero a la larga, el mentir crea una multitud de problemas que eventualmente tendremos que enfrentar. A largo plazo la honestidad vale la pena, tal y como lo dijo Warren Buffett.

Autenticidad

La autenticidad y sinceridad están relacionadas pero no son precisamente lo mismo. Y nuestro uso del término se relaciona hacer tus creencias y sentimientos auténticos. Muchas personas muy a fondo saben que sus creencias están mal, son erróneos, sólo en parte son ciertas, o simplemente no son verdad. Siempre están conscientes de que sus sentimientos que están conectados a muchas de sus creencias no son sanas y perjudican. Debes de ver tus creencias como ves a tus documentos. Los documentos pueden ser auténticos cuando se examinan. O son legítimos o no lo son; reflejan la realidad o no. Hay otra idea expresada por muchos otros acerca de vivir una vida auténtica. Dice que lo que haces en la vida tiene que estar de acuerdo con tus valores y prioridades. Un ejemplo de una vida auténtica es el padre que cree que valora el ser un modelo para sus hijos, pero se emborracha los fines de semana o es abusivo. Una vida auténtica constantemente actúa de manera que refleja tus prioridades. Para ser auténtico tienes que entender que es lo que valoras y cuales son tus verdaderas prioridades. Luego tendrás que vivir de acuerdo a ellas.

Nobleza

Varias veces a través del libro hemos mencionado que la mayoría de la gente desea ser mejor de lo que son y quisieran vivir una vida noble. La nobleza se caracteriza por la dignidad, generosidad, honor y tener altos estándares personales de conducta. Muchos de los líderes influyentes en el mundo demostraron características de nobleza. Uno de los aspectos importantes de nobleza se relaciona con la injusticia en el mundo. Hay injusticia y desigualdad en el mundo en que vivimos. La desigualdad se incorpora en la vida. Las personas pueden ser igual en los ojos de Dios y tal vez en los ojos de la ley, pero la realidad es que cuando las personas entran a éste mundo no todos son iguales en diferentes maneras. Una de las cosas que crean inequidad entre nosotros son: apariencias, inteligencia, el origen en donde nacemos, y características físicas que se nos otorgan de herencia. Depende de tí si hay una misión en esto pero todos somos responsables por nuestras interacciones en éste mundo fundamentalmente injusto. La oración siguiente resume el vivir una vida noble, y ha sido expresada por muchas personas de muchas maneras: *"Debes de buscar el vivir una vida justa en un mundo injusto".* Esto es nobleza.

Autentícidad

La autenticidad se mal interpreta. Para nuestros propósitos, lo expresaremos así. Es ser quien y que eres. Significa que actuas de acuerdo a tus valores, ideas acerca de lo que bueno y malo, y tus prioridades. Quiere decir que no abusas de tus estándares. Como lo hemos repetido varias veces, en la búsqueda de tener una vida más fácil para nosotros, nos permitimos fallar. No cumplimos con algunos convenios. Dejamos que nuestros sentimientos y emociones nos lleven hacer y decir cosas que dañan a los demás. Mentimos para ocultar las cosas. La manera de que mostrar sinceridad es ser consistente en el modo que vives tu vida.

Epifanía

Lo sepan o no, la mayoría de las personas buscan tener una epifanía en la vida. En muchas de sus charlas, AlanWatts dijo que una epifanía era similar a un despertar. Es un entendimiento repentino y una percepción instantánea acerca de algo importante. Básicamente una epifanía es cuando la realidad de algo sumamente importante de repente se ve claro-el verdadero significado usualmente se manifiesta en una imagen simbólica o entendimiento mental. A veces llega como una visión; otras veces es un entendimiento que llega de repente. Pero siempre es algo importante.

Muchos líderes espirituales relatan que vamos por la vida sin darnos cuenta, como si estuviéramos dormidos. En éste libro hemos mencionado que la gran mayoría de las cosas que hacemos es de manera automática y sin pensarlo. Esto viene de nuestro inconsciente. Actuamos como robots biológicos. La idea fundamental que enfatiza éste libro es que podemos despertar viendo cómo nuestras creencias y sentimientos surgen automáticamente y son muy rara vez cuestionados. En la película de 1997 *Gross Pointe Blank*, la epifanía era llamada *Shakubuku*. Se describe como, "una patada repentina en la cabeza que altera tu realidad para siempre". No les pasa a todos, pero cuando sucede, la vida cambia. Algunas personas que han tenido una experiencia cercana a la muerte dicen que estuvieron una epifanía después de haber sido declarados clínicamente muertos y haber vuelto a la vida. También les ha pasado a personas cuando se convierten en padres y son responsables por alguién más que de ellos. Las experiencias de epifanía pueden espontáneamente aparecer por situaciones muy estresantes así como de periodos de meditación y de oración. Una epifanía es un suceso muy personal y tienen efectos duraderos. Y muchas personas esperan tales experiencias cuando sienten que su vida está fuera de control.

Personas que trabajan en centros de tratamiento de abuso de sustancias comúnmente se encuentran con pacientes que le piden a Dios que les mande un mensaje. Quieren ver un rayo. Conocemos unos cuantos que de verdad le piden a Dios que los parta un rayo y que los cambie. Lo que quiere decir es que no quieren ser responsables y cambiar. Quieren que alguien más tome la decisión. Quieren ser forzados a cambiar. Otra cuestión se encuentra en estos centros de tratamiento. Los clientes se involucran en discusiones y especulaciones tratando de entender *porqué* son como son. Intentan encontrar las respuestas en su pasado y encontrar finalmente una razón o algo más en que echarle la culpa. "Sólo quiero saber porque soy así", dicen. No quieren saber la verdad. Son como son por las decisiones que tomaron. En estos casos, se basan en intentar vivir una vida más fácil con más placer y evitar dolor y aburrimiento. Las drogas y el alcohol prometen una vida fácil y placentera—por lo menos al principio. Y luego sale la trampa. Siempre es un indicio que la persona no está en el camino verdadero y que han quebrantado las características que hemos mencionado en éste capítulo. Tú puedes crear una epifanía que cambie tu vida al enfrentar tus creencias y los sentimientos que están concectados a ellos.

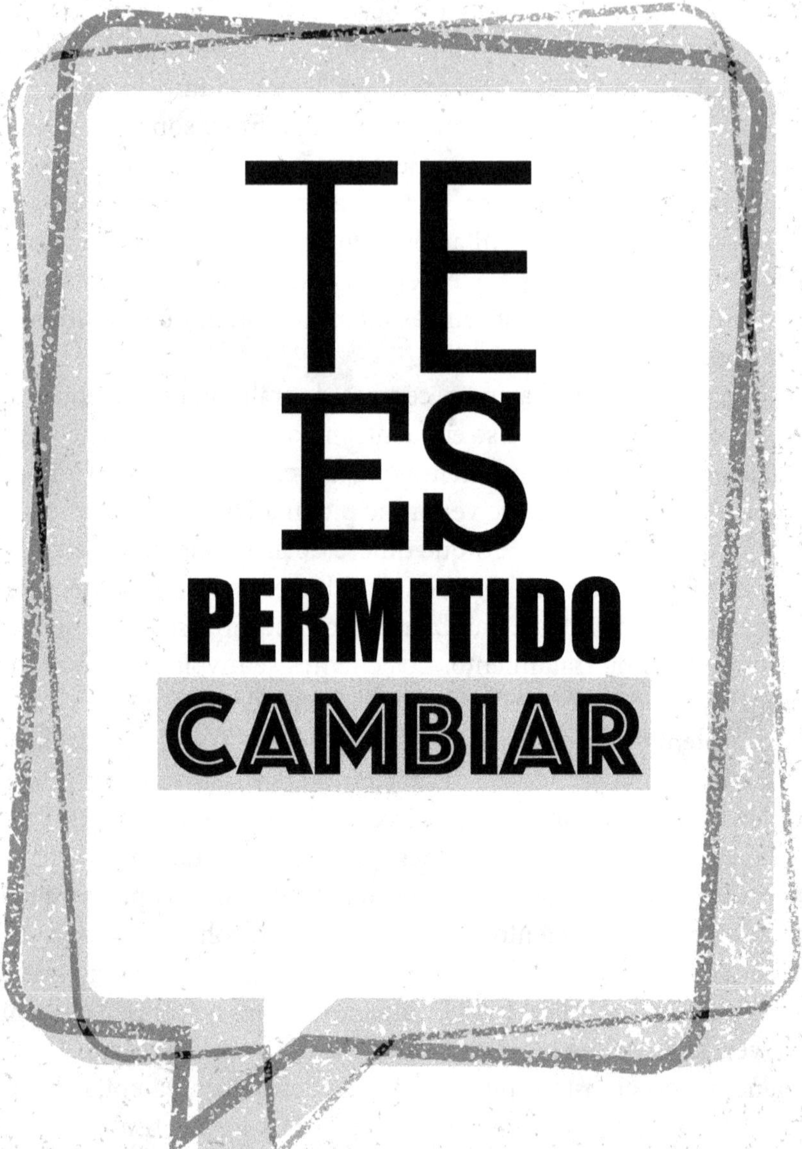
TE
ES
PERMITIDO
CAMBIAR

CAPÍTULO 11

Obstáculos Comunes y Tus Decisiones

Hay sin fin de situaciones que se interponen para encontrar el camino verdadero en la vida y muchas decisiones que hacemos que restringen nuestra libertad. Este capítulo mostrará algunas situaciones más comunes. No es una lista que incluye todo pero si enumera algunas de las situaciones clave con que las personas se enfrentan en diferentes periodos y etapas de su vida.

El Control de los demás—Relaciones y Enredos

Demasiadas personas dicen que son infelices por enredos en las relaciones. La palabra "enredo" implica que se intenta controlar situaciones y personas que no están bajo tu control. Como lo hemos mencionado varias veces, no puedes controlar a personas más allá de sus años de infancia (aún así puede ser mucho trabajo). Niños más grandes y adolescentes necesitan ser guiados y debes de hacer un esfuerzo y tener estándares y reglas, sin embargo niños y adolescents ya tienen su propia forma de pensar. Has las reglas lo más justas y comprensibles que se pueda y has que se cumplan con consecuencias establecidas de antemano. Sin embargo con adultos todo lo que puedes hacer es tener una serie de pautas y estándares personales en la relación y hacerlas muy claras. La cuestión con enredos en relaciones muy seguido pasan cuando te das cuenta que la otra persona no sigue las pautas que has establecido—por lo menos de acuerdo a las creencias que tienes acerca de la relación. Enredos también suceden cuando tú sigues estas pautas. Un problema común es que tales pautas nunca han sido aclaradas o no se han comunicado abiertamente. Por lo tanto, si en una relación hay abuso muy rara vez se resuelve fácilmente. Es ampliamente sabido que hay muchas personas que van de una relación de abuso a otra. Si éste es tu caso, te alentamos a que busques ayuda profesional.

A veces hay relaciones que necesitan terminar. Básicamente tu decides si terminas o no una relación. Ten en cuenta que hay sólo dos cosas que tú controlas, tus acciones y tus decisiones. Controlas lo que haces ahorita, en éste preciso momento. Ese momento ya pasó y ya estas en otro momento. Lo diremos otra vez de una manera un poco diferente. Tú controlas lo que haces aquí y ahora, el momento presente que siempre cambia. Tú controlas las decisiones que tomas. Lo que pones en tu cuerpo y lo que hace tu cuerpo está usualmente bajo tu control. Y vas a controlar lo que harás en el futuro—los momentos de aquí y ahora que vendrán. Si, tú controlas una parte de tu futuro y cada decisión que haces tendrá efecto en situaciones en el futuro y en las decisiones que tomarás.

Los problemas más agobiantes en la vida tienden a desarrollarse en nuestras interacciones con otras personas. Tomamos parte en interacciones con los demás, lo cual estimula un cambio para ambas personas. Tú y las personas con quién te relaciones tienden a ser mejores o peores como consecuencia de cada interacción. Tienes que aprender a relacionarte con otros sin esconder algo se genuino. Al hacer esto, te hace más influyente al igual que una mejor persona. El verdadero poder y la influencia viene de gente que atraes por lo que eres y cómo eres, no el puesto que tienes. No puedes tener motivos secretos. Cada interacción que tienes con otra persona tiene un efecto, positivo, negativo, grande o chico. Todo lo que haces en secreto tiene consecuencia. Si las personas crecen por haberse relacionado contigo lo recordarán. La vida en nuestro mundo complejo necesita de verdades simples. Nuestro consejo de como tratar con problemas con tus relaciones es que vuelvas a leer la segunda parte del capítulo 10. Debes buscar y examinar tu propio comportamiento con respecto a la lista de características importantes personales que se dieron en ese capítulo. Lo único que puedes controlar es a tí mismo por eso es que te recomendamos que te examines. Toma en cuenta las cualidades que creemos que son importantes: Libertad, Responsabilidad, Educación, Iluminación, Diligencia y Decencia, Obligaciones, Observaciones y Optimismo, Motivación, Dos Seres, Compromiso, Honestidad, Autenticidad, Nobleza, Sinceridad y Epifanía.

Rutinas y Hábitos

Desarrollar hábitos y rutinas en la vida es necesario e inteligente. Probablemente tienes unos malos hábitos y ya sabes cuales son. Lo mismo se puede decir de bueno hábitos, también sabes cuales son. Tus hábitos y rutinas no sólo te mantienen en el flujo de la vida pero establecen lo que puede suceder en el futuro y expresan algo de la esencia de tu identidad. Una de las áreas de hábitos que discutiremos brevemente es la salud. La salud es tal vez el área más importante en tu vida porque ejerce una influencia en todo lo que haces. Las cosas que pones en tu cuerpo y como lo tratas tiene el poder de afectar tu salud y libertad en el futuro. Alimentándote con comida chatarra o comida rápida porque es más fácil lleva a malos hábitos de comida. El no hacer ejercicio o no estar activo porque requiere de esfuerzo te lleva a tener hábitos perezosos. Hábitos como el hacer ejercicio te pueden dar libertad hoy pero te pueden restringir tu libertad en el futuro si tomas malas decisiones. Una de las cosas que debes de hacer es un asesoramiento total de tus hábitos, buenos y malos, y observarlos de manera realista. Ve lo que acostumbras hacer, cómo pasas el tiempo, el tipo de conversaciones que tienes, las personas, lugares y cosas en tu vida, y evalúalas. Verás cosas que puedes y debes mejorar. Piensa en éste proceso como que pasas por un colador para quitarte las cosas malas. Lo puedes hacer esto una y otra vez para pulir tu vida.

Encadenado a la Era Digital y Las Redes Sociales

Si tienes hijos adolescentes o eres menor de 40 años, es muy posible que estás de alguna manera encadenado a las redes sociales y aparatos digitales. Si mantienes tu aparato digital cerca de tí todo el tiempo tú estás encadenado a él. No podemos decir que estar conectado sea algo malo. Por otro lado hay unos aspectos relacionados a la era de la red social. Actualmente el tema de "adicción" a las redes sociales y aparatos digitales está creciendo. Mientras que ésta idea puede parecer drástica probablemente es muy cierta para unas personas. Investigaciones demuestran que las misma área del cerebro que está involucrada con la adicción es la misma que se implica con las redes sociales. Los "Likes" (me gusta), "Shares" (Compartir), y "Message Notificacions" (Notificaciones) producen el mismo efecto de euforia instantáneo en el cerebro que cuando se usan drogas (Soat, 2015). Aparte, casi todos saben que la influencia que tienen las celebridades en la sociedad es muy grande. Los famosos típicamente llevan un estilo de vida que es atractivo a la mayoría de las personas. Nuestras ideas de un hombre o mujer ideal se forman por los videos en el internet de individuos "saturando el internet" con selfies y videos de ellos mismos mostrando su cuerpo, de fiesta, o simplemente mostrando cosas materiales. ¿Qué creés que está motivando a la persona que afirma que tiene un video que se viralizó o que "rompió el internet?" Muchos jóvenes ven imágenes de personas guapas que han sido alteradas para verse más atractivas, más perfectas. Crean una imagen falsa de normalidad y una imagen ficticia de lo que es la vida. En el mundo digital, la autoestima viene de conseguir "Likes" o el número de "amistades" o seguidores. Las personas se sienten presionadas al compartir (share) y gustar (Like) las publicaciones de los demás. Si piensas que la influencia de todo esto terminará o va a disminuir en el futuro estas equivocado. Probablemente se transforme pero no se irá.

Alan Watt quien murió en 1973, mucho antes de que la era digital existiera, comentó algunas palabras proféticas al respecto. En aquel entonces estaba hablando como todos eran forzados a documentar sus actividades en el trabajo, para poder protegerse a sí mismos y a las compañías de un riesgo potencial. El comentó, "Es más importante hacer constar lo que haces, que hacer lo que haces". Actualmente las personas toman nota de lo que comen, beben, los lugares que visitan, sus actividades diarias, y de ellos, una y otra vez con interminables selfies. Nos hemos convertido más que obsesionados con nosotros mismos. Queremos compartirnos con los demás a quien llamamos amigos en algo que tal vez sea un esfuerzo de mostrar a otros que vida tan estupenda tenemos. En relación a ésta discusión hay un término que probablemente no hayas escuchado. Es *Dunbar's Number* (Número de Dunbar).

En 1992, el antropólogo Robin Dunbar decidió determinar la verdadera capacidad del ser humano para tener relaciones significativas. Dunbar's Number (Número de Dunbar) es la cantidad de individuos con las que podemos tener vínculos sociales significativos y auténticos en un momento dado. Calculó que podemos tener unas 150 relaciones más o menos y tal vez otras 50 (Dunbar, 1992). Otros investigadores han calculado que el número puede variar de 50 a poco menos de 300. Probablemente has reunido muchos más "Amigos" en la redes sociales que ese número. Pero muchos de esos amigos son puramente de "click" que es cuando oprimen "me gusta" algunas de tus publicaciones de vez en cuando. Estas son personas con las cuales no hablas frecuentemente, si es que hablas con ellas. Tienes una relación genuina con mucho menos gente. Las redes sociales nos dan una ilusión de estar conectado a muchas personas. No se sabe exactamente lo que esto querrá decir en el futuro. Pero es muy probable que muchas de nuestras relaciones en el futuro serán relaciones "virtuales". Vamos a tener menos interacciones cara a cara y con menos personas.

Si tienes hijos, es más que una buena idea el restringir el uso de aparatos digitales. Sácalos y enséñales a jugar, a usar su imaginación, y apreciar la naturaleza. Guarda los teléfonos y aparatos y planea periodos de tiempo para usarlos. Está de moda el permitir a los niños que vivan en un mundo virtual cuando están adentro y no los estimulamos aprender la realidad y de relaciones. Muchos padres animan a sus hijos que jueguen con aparatos digitales para que se ocupen y "no estorben". Todo esto trae consecuencias y las consecuencias juegan un enorme papel en como los hijos se adaptarán al mundo real en su vida. También juega un papel enorme en su habilidad para socializarse con otros a nivel personal.

Ha aumentado evidencia que ciertos juegos de video promueven comportamiento violento. No hay duda que la obsesión de jugar puede suceder y se vuelve tan fuerte que exhibe todas las características de una adicción. En el mundo de los juegos, los jugadores matan a miles de personas sin consecuencias. ¿Qué tanto influye esto en las creencias y sentimientos? Nadie lo sabe a ciencia cierta. Lo que sí sabemos es que tiene consecuencia. Todo lo que hacemos tiene consecuencias. El mundo digital va a crear problemas más grandes en los próximos años cuando los aparatos virtuales se vuelvan fácilmente disponibles los cuales puedan tener acceso a contenido sexual. Si tienes hijos, esto es algo que tendrás que reconocer, educarlos acerca de esto, y protegerlos. Pero lo mismo se puede decir de muchos de nosotros, no importa la edad. ¿Qué crees que serían las consecuencias si pudieras tener lo que se sentiría como tener sexo con quien quisieras en un mundo virtual? ¿Cómo afectaría tus relaciones íntimas con personas?

Dinero

No puedes comprar felicidad con dinero, al menos es un refrán antiguo. Ciertamente puedes tener menos estrés teniendo seguridad financiera pero la verdadera felicidad viene de algo más que el dinero. El comprar cosas no lleva a la felicidad duradera y puede llevar a compras interminables. El comprar cosas puede llevar a la misma euforia química cerebral que nos dan las drogas, pero es temporal como todo. La verdad es que la felicidad es un estado de ser y un estado mental que disminuye y decae. Una vez que satisfaces tus necesidades básicas, la felicidad depende de tí no de tu dinero. La mayoría de las personas sobreestiman el extenso grado el cual el dinero se relaciona con la felicidad. Siempre queremos más dinero y muy a menudo nos lleva a buscar aún más dinero. El adquirir más cosas no dá satisfacción a largo plazo; lleva a querer más cosas. Un estudio reciente en la revista de psicología *Emotion* (Piff & Moskowitz, 2017) evaluaron los factores relacionados a la felicidad en más de 1,500 Americanos basado en sus niveles de ingreso. Ellos dicen que los factores principales para experimentar la verdadera felicidad son diversión, tener una sensación de asombro, compasión, alegría, entusiasmo, amor y orgullo. Mayor ingreso y pertenecer a una clases social más alta se ha vinculado a tener mejor salud y niveles altos de satisfacción en la vida, pero no necesariamente con la felicidad. Lo que encontraron es que al tener niveles de ingreso más altos se sentía más orgullo, alegría y diversión en la vida. Personas que tienen menores niveles de ingreso muestran más compasión, amor y sentimientos de asombro.

Concluyeron que las personas que forman relaciones significativas sienten las bases para tener mayor felicidad y satisfacción en la vida. Tener relaciones auténticas y compartir la vida con otras personas importantes para tí conducen más a la felicidad que el dinero. Pero el dinero te dá seguridad.

Trabajo y Carrera

Este libro ha enfatizado que hagas tu trabajo y carrera en armonia con tu camino verdadero. Tú decides quién y qué quieres ser (tu verdadero ser), y tu trabajo y carrera reflejará esas características (camino verdadero). Como mencionamos antes, parece que muchas personas prefieren tener una vida infeliz pero que es fácil. Si esa es tu meta, no tendrás la motivación para cambiar, y encontrarás excusas para mantener las cosas como están. No tendrás que buscar mucho para encontrar excusas solas surgirán de tu inconsciente. El camino de menor resistencia muy rara vez implica el hacer un cambio.

En general, si encuentras tu camino verdadero en tu trabajo, la gente se sentirá atraída por ti. Serás importante al involucrarte en los intereses y en las vidas de otras personas—y a veces a una medida más grande que con tu vida. Eso claro puede ir demasiado lejos. Pero el compartir y acoplarte con otros es la clave. La gente se sentirá atraída por tí por dos razones. Una es lo que puedes hacer o has hecho por ellas. La otra es lo que eres—quien eres—y como eres. Si eres honesto y digno de confianza las personas se sentirán atraídas. Tienes que interesarte sinceramente en otras personas y en sus vidas. Si tu trabajo y carrera son poco satisfactorias tienes que evaluar la situación. Ve las opciones y posibilidades que existen para que hagas un cambio. A veces tienes que estar dispuesto a empezar de nuevo.

Condena

Dale Carnegie enseño unas verdades sencillas acerca de como comportarnos en el trabajo, y estas verdades permanecen vigentes hoy como siempre han sido (Carnegie, 2011). Enfatizó que tenemos que abstenernos de críticas y condenar a los demás. No te quejes de alguien al menos que sea por algo que valga la pena. Y quejate con el espíritu de auténtica preocupación que reconoce la dificultad que otros tienen. En la escuela de posgrado, uno de los autores estaba intrigada por la fisiólogo Hans Selye, que era mejor conocida por ser el autor de *General Adaptation Syndrome* (Síndrome de Adaptación General). Básicamente se refiere a reacciones fisiológicas al estrés. A Seyle se le atribuye ampliamente por haber dicho, "Por más que queremos ser aceptados le tememos a ser condenados". La condenación causa resistencia psicológica y llamándole psicológica no quiere decir que esté solo en la mente o en nuestros pensamientos. Nos *sentimos* condenados físicamente. Produce una reacción bioquímica en el cerebro. Areas del cerebro se afectan cuando nos critican o nos condenan. Hace unos años, Greg llevó a cabo unos entrenamientos profesionales de un modo confrontacional. Esto fue un error. Provocó reacciones muy fuertes en el grupo de profesionistas que estaban siendo entrenados y lo que sucedió es que muchas de las personas buscaron seriamente modos para tomar represalias, encontrar fallas, o discutir. Así que antes de involucrarte en discusiones o quejas confrontacionales, toma un tiempo para calmar los componentes psicológicos que están en el inconsciente. Aprende a suavizar tus mensajes.

Enemigos

Lo más probable es que creas que tienes enemigos en algún lugar que acechan dentro de tu esfera de vida. Estas son personas que quieren que fracases, quieren lo que tú quieres de un modo competitivo, simplemente no les caes bien, o son vistos como un obstáculo en tu camino. Eso pasa en nuestro mundo competitivo, siempre ha pasado, y siempre pasará. Hay un refrán viejo que dice: "La miseria ama la compañía". Para unas personas infelices que sienten que su vida es miserable, aparentemente se consuelan al ver otros fracasar.

Un ejemplo del fenómeno de tener enemigos está en el ambiente laboral, en cualquier grupo que participas, e incluso en familias. Típicamente se describe cómo "Las cosas aquí serían mejores si (escribe el nombre de la persona) no estuviera". A veces es verdad. Pero más a menudo que no, alguien más tomaría ese papel. Una manera muy buena de evaluar nuestros enemigos tal como los percibimos y a otras personas que nos presentan barreras es usarlos para aprender sobre nosotros mismos y encontrar éxito dándoles la vuelta. Determina de manera precisa qué es lo que te molesta de ésta persona y qué problemas crea. Puede ser que algún aspecto de esa persona sea algo que tú has estado peleando en tí mismo. A veces les puedes hacer preguntas directamente como, "¿Exactamente qué es lo que quieres de ésta situación?" Luego escucha. Evita discutir y la confrontación y sólo escucha. La resistencia es una calle de dos vías. Toma dos personas para discutir. Una buena estrategia es dar a la otra persona espacio y tiempo para que diga todo lo que tenga que decir. Finalmente ellos se van a escuchar hablar y repetir el mismo mensaje, una y otra vez. Deja que se cansen al permitirles decir lo mismo y lo mismo y tarde que temprano ellos dejarán de hablar. Si la otra persona es un verdadero enemigo, a veces todo lo que puedes hacer es darles la vuelta y no permitir que influya en tí. El mismo hecho que te hace ver alguien como tu enemigo implica que tienen algo de influencia sobre tí. Una vez más, tienes que recordar que lo único que puedes controlar es a tí mismo en éste momento.

Esta es una situación verídica donde una mujer (la llamaremos Elizabeth) creía que tenía un enemigo en el trabajo. Elizabeth era una persona amigable, buena trabajadora y aprendía rápido. Se ofrecía hacer trabajo adicional cuando terminaba sus deberes. Acababa de empezar el trabajo y una compañera se hizo amiga de ella—pero finalmente Elizabeth se dió cuenta que no era de verdad su amiga. La compañera tomaba las ideas de Elizabeth y se las mostraba al supervisor como si fueran de ella y era acreditada públicamente por sus "grandiosas ideas". Elizabeth también se dió cuenta que hablaba mal de ella a los otros compañeros de la oficina. Al principio Elizabeth estaba muy dolida y se distanció de otros en la oficina. Pero a medida que transcurría el tiempo Elizabeth se dió cuenta que su compañera le tenía celos y que su actitud celosa no cambiaría. Elizabeth pudo haberse ahogado en sentimientos de enojo o respondido de igual manera y difundir rumores acerca de la compañera, pero en vez de hacer esto decidió ser ella misma, continuar trabajando como siempre, y compartir sus ideas con ésta compañera. La compañera no dejó de divulgar rumores pero los demás compañeros muy pronto se dieron cuenta que clase de persona era Elizabeth por sus acciones. Algunos incluso le comentaron a Elizabeth que le dijeron a la compañera que dejara de decirles cosas negativas. Unos años después se acabó el juego y la compañera se fue a otro empleo. Elizabeth fue promovida un tiempo después. Elizabeth tenía muchas creencias y sentimientos acerca de la compañera y le afectó su personalidad en el trabajo por poco tiempo. Sin embargo al decidir ignorar sus sentimientos hacia la compañera no permitió que influenciara sobre ella y al final le fue bien.

Salud y Hábitos

Hemos mencionado salud muchas veces, pero es algo tan importante que lo mencionaremos una vez más. La salud es una de esas áreas donde demasiada gente evitan responsabilidad. Ahora es conocimiento común que lo que comes, bebes y el nivel de actividad física están directamente vinculados a tu salud. ¿Probablemente tienes mucha información acerca de esto, pero que tan difícil es para la mayoría de personas de caminar todos los días? Estudios nos han mostrado que cierta comida y bebidas no son saludables. Tú sabes que esto es verdad. Hemos mencionado la razón principal que nos impide hacerlo. Tendemos a llevar vidas más fáciles. Buscamos placer en el momento. Todas las razones para no cambiar surgen a la superficie automáticamente del inconsciente. Posponemos hacer cosas saludables hasta mañana porque es inconveniente hoy, o queremos descansar y disfrutar hoy. Pero cada día tiene un nuevo mañana en el horizonte así que se pospone otra vez y el ciclo continúa.

Una información desagradable es importante de citar. Hay buenas probabilidades que tu camino a la muerte—o problemas de salud en el futuro han sido—puestas en movimiento por los hábitos que te has formado. Hay fuertes problemas genéticos que se relacionan con nuestra salud pero lo que hacemos y lo que consumimos tienen una influencia fuerte en nuestra salud, especialmente cuando empiezan a surgir problemas. Lo que haces y lo que decides es lo que puedes controlar. Escoges de una u otra manera. Aún si no crees que estás tomando una decisión, sí estás escogiendo el no hacer nada y mantener tu salud como está y el camino hacía donde se dirige. Sin embargo debes de aceptar que tu comportamiento si tiene un verdadero impacto en tu salúd—para bien o para mal.

La Inevitabilidad del Envejecimiento

Si vives lo suficiente, envejecerás. Claro que es un declaración común pero es verdad. Supuestamente somos las únicas criaturas que sabemos que estamos envejeciendo y nos vamos a morir. Para las personas jóvenes puede ser absurdo o no necesario de planear para la vejez. ¿El futuro es impredecible, correcto? Pero hacer cosas que mejoran la salud no es absurdo o innecesario. Cuando se es jóven crees que eres inmune a mala salud o dices algo que hemos oído muchas veces en centros de tratamiento: "Cruzaré ese puente cuando llegue a él". Podemos preguntar, "¿Qué pasaría si te despiden por tu comportamiento?" Ellos contestan, "Cruzaré ese puente cuando llegue a él". "¿Qué si no ahorras lo suficiente para el retiro?". Misma respuesta. "¿Que si esto te lástima o te enferma?" Misma respuesta. Okey. No podemos controlar todo. Pero lo que hacemos hoy nos dá opciones más adelante. Hay consecuencias en el futuro por nuestras decisiones en el presente y en el pasado. Muchas personas evitan ir al doctor porque no quieren saber si algo anda mal. ¿Así que cómo se relaciona esto con la edad? Ya lo dijimos. Lo que hacemos hoy nos dá opciones más adelante. Y nuestras decisiones en el futuro pueden ser limitadas por una salud en deterioro o malas decisiones financieras hasta que no hayan opciones recomendables. Si eres mayor y depende de tí lo que significa ser "mayor", aún necesitas tener un propósito en la vida. Aún tienes un camino verdadero. Puede ser que seas voluntaria por una causa. Puede ser que seas mentor. Depende de tí. Pero si estas cerca de llegar a unos puntos cruciales de tu vida, como retiro, o te empiezas a sentir débil, lo que hagas ahora tiene implicaciones serias y significativas.

En el área médica de geriatría y cuidado de ancianos, la idea de la *compresión de la morbilidad* ha adquirido prestigio. Este concepto fue propuesto en 1980 por James Fries de Stanford University (Universidad de Stanford). Ahora ya es una idea aceptada que todas las enfermedades en la edad avanzada pueden ser comprimidas en un período corto antes de morir. Esto es, la comunidad médica creé que problemas crónicos y serios de salud deben de mantenerse alejados lo más posible. Mantiene la calidad de vida alta y reduce costos a personas, familias y a cualquier estructura social que cubren los gastos. Es también una manera de minimizar los efectos de envejecimiento y de enfermedades en los que nos rodean. La teoría de compresión de morbilidad también dice que todos los problemas de salud que hemos estado manejando o manteniendo lejos a base de medicamentos o terapia, llegarán. Parece que todos tienden aparecer al mismo tiempo y con mucha fuerza. Quieres minimizar el periodo de "hasta el final" lo más posible. Al menos esa es la idea.

Puedes dejar que las circunstancias de la vida te controlen o puedes tomar el control de tu vida. Es tendencia humana de esperar hasta que algo malo pase antes de tomar acción. Y en ese momento puede ser muy tarde. Buscamos certeza y no hay mucha más adelante en la vida. Lo que es seguro es que terminará. En relación a esta idea está un concepto que enfatizan los expertos en senectud. Ellos dicen, "Es mejor prepararse que reparar". Quieres decir exactamente lo que dice. Si estas cerca de la vejez, puedes, y debes prepararte. Considera dónde puedes o podrás vivir. Piensa quien puede hacer las cosas que tú no podrás hacer. Algo que hemos oído de padres ancianos es "Quiero permanecer en mi casa lo más que pueda". Es normal y ciertamente entendible. Pero puede ser una carga en aquellos que están antes y después de que partimos. Es algo que vale la pena el pensar seriamente y discutirlo con aquellos que se harán cargo. Si hablas con personas que se fueron de su hogar a una casa de asistencia para ancianos, muchos de ellos te dirán lo mismo. Que al principio no estaban seguros pero que fue lo mejor que pudieron hacer.

Fracaso

Todos hemos fracasado alguna vez. Por más que intentes a veces vas a fracasar. Tus hijos fracasarán en algunos de sus intentos hacer algo nuevo. El fracasar es una consecuencia inevitable al tratar. El tratar puede a veces ser desmoralizante y ya no intentamos y esto es fracaso. Recuerda como anteriormente describimos algunos de los tratamientos para drogadictos. Dejan de usar drogas muchas veces. Algunos de ellos simplemente no intentan dejarla. Pero hay muchos que eran drogadictos y alcohólicos. Lo dejaron y no lo volvieron hacer. ¿Qué fue su secreto? Lo dejaron y no volvieron hacerlo. Tomaron decisiones de sus acciones y mantuvieron su convenio. Aprendieron de sus errores. No se dieron por vencidos. La resistencia es la habilidad de aprender del fracaso. El verdadero fracaso es cuando dejas de intentar—cuando te das por vencido. La resistencia no es auto condena. Resistencia se trata de un desarrollo personal y de fuerza interna. El aprender de nuestros fracasos es una manera de sacar lo mejor de nosotros. Nos hace más fuertes a través de una práctica de repetición. Así que haz que sea seguro para tí y para los demás fallar y llamalo práctica. Proporciona un lugar seguro al "intentar" cosas y anímate a intentar sin el miedo de fracasar.

Terminamos este capítulo con el problema del fracaso porque es el miedo de fracasar el mayor de las barreras que se interpone en el camino de hacer cambios. El hacer un compromiso de cambiar surge la posibilidad de fracaso. El miedo al fracasar nos detiene de aprender y nos mantiene de tratar hasta que tengamos éxito. En ese punto se vuelve fácil de mantener las cosas como están—de seguir el camino de menor resistencia. Como un simple ejemplo, vamos a imaginarnos que eres tímido o no te sientes cómodo relacionandote con otros y es algo que quieres cambiar. Si crees que eres tímido vas a evitar el relacionarte con otros a propósito. Evitas a otras personas y así no experimentas la incomodidad de relacionarte con otros y esto intensifica tu timidez. En resumen, entre más actúe la persona de manera tímida, más tímida será. Así como un comportamiento supersticioso, entre más se repita el comportamiento, la creencia del comportamiento se vuelve más fuerte.

Lo que necesitas hacer es enfrentar las creencias de limitación haciendo o practicando exactamente lo contrario. Si eres tímido y quieres cambiar, actúa como si no fueras tímido. Cuando la oportunidad se presente asegurate de hablar con personas que no conoces. El fracaso sólo aparecerá si dejas de intentar y dejas de practicar el comportamiento opuesto de ser timido. Si quieres ser más saludable actúa como si estas saludable. ¿Cómo? Haz las cosas que las personas saludables hacen. Incrementa tu nivel de actividad, come saludable; evita malos hábitos, y ve a tus revisiones médicas. Personas saludables tienden a ir al doctor regularmente. Si estás enojado y reaccionas emocionalmente actúa como si estuvieras contento y calmado. Controla tus reacciones exteriores. Entre más muestres tu ira y emociones más se manifestarán. Práctica actuando como quieres ser. Fracasar está bien mientras que sigas intentando. Si continúas practicando los fracasos sólo serán temporales. Básicamente lo que intentamos hacer es que te comprometas. Comprométete hacer un esfuerzo de sacar lo mejor de tí y en los demás. Tú sabes cuales son las áreas donde tienes problemas. Toma responsabilidad y haz un esfuerzo para cambiarlos.

CAPÍTULO 12

Viendo a la Vida como un Juego

Anteriormente hemos mencionado varias veces el concepto de que la vida es un juego. Hasta ahora hemos evitado usar éste concepto porque el término "juego" tiene el potencial de revitalizar la vida. Claro que muchas de los aspectos de la vida pueden ser vistos como un juego. Hay un sin fin de escenarios que se pueden ver como "competencias" en la vida. La vida está llena de reglas y leyes. Hay reglas no escritas que se relacionan a los deportes, justicia, y como debemos de tratar a los demás. Hay multas por violar estas reglas. Algunas personas pueden hacer trampa sin que los atrapen, algunas personas si las atrapan. Algunas personas son acusadas de hacer trampa aunque nunca lo hayan hecho. La sociedad si que identifica algunas personas como ganadores o perdedores en la vida. Pero es claro que si la vida es un juego, es un juego serio y con mucho riesgo. Hay consecuencias en todo lo que hacemos. Y esta vida bien podría ser la única vez que jugamos. Puedes creer lo que quieras acerca de eso pero a lo mejor lo podemos decir de una manera más agradable. Creemos que debes de tratar a esta vida como si fuera la única que tendrás. Si tienes una vida después, esa es otra vida diferente.

Hay unas reglas que se han escrito acerca del juego, reglas que tenemos que seguir. Unos cuantos hicieron las reglas pero las tenemos que seguir o nos enfrentamos con las consecuencias. Las reglas pueden ser complicadas y pueden ser diferentes en diferentes lugares y ante circunstancias distintas. Las reglas en Egipto son diferentes que las que hay en América. Las reglas pueden y cambian de repente. La gente rompe las reglas. A veces los descubren a veces no. Las reglas y requisitos del juego son un poco diferentes en etapas diferentes de la vida. Las reglas para niños pequeños son diferentes de los que son para adolescentes.

Las reglas para los padres son diferentes que para los adultos más grandes sin niños. El juego también cambia cuando uno está en etapas más adelante en la vida.

Hay varias ideologías, "métodos coaching" y talleres de cambio de vida que dicen que la vida es un juego. Una de las ideas fundamentales en que muchos de estos enfoques se basan es que la meta principal del juego de la vida es sobrevivir. Hemos mencionado que los humanos tienen un empuje fundamental para sobrevivir. Y vas a sobrevivir hasta que no sobrevivas. Tienes un poco de control sobre cuánto tiempo sobrevivirás, pero finalmente nadie sale vivo. Nadie sobrevive indefinitivamente. Es muy simple.

La idea de sobrevivir está en la parte inferior de la jerarquía de necesidades de Maslow. Sobrevivencia es muy básica. En el mundo moderno la sobrevivencia se ha hecho más fácil de lo que ha sido. Las personas viven más tiempo que hace 10 años. Sigue retrocediendo en el tiempo y te encontrarás que el promedio de una vida era más corta. Hace miles de años cuando éramos cazadores la vida era solamente acerca de la sobrevivencia individual—y sobrevivencia de la raza humana. Pero las cosas cambian como lo hemos repetido varias veces y ahora el "juego" de la vida no es acerca de sobrevivir. Si juegas el juego para sobrevivir y ganas nunca llegarás a las necesidades superiores de la jerarquía de Maslow. *La cuestión es lo que hagas en tu vida mientras que sobrevives.* Lo puedes ver como si estuvieras en competencia con los demás pero la única verdadera competencia es dentro de tí. Así que aceptemos ésta idea de que la vida es un juego.

Afirmamos que el juego de la vida es acerca de encontrar tu yo verdadero y tu camino verdadero. Tú le das a tu vida el significado que tú quieres a través de lo que haces y como tratas a los demás. Pero mientras que existas serás parte del juego. Aunque estés sólo, participas en el juego. El juego de la vida puede ser jugado con una persona, con pocas personas o con muchas.

Hay dos maneras básicas de involucrarse en el juego. Un modo de verlo es como una competencia. Esto implica que habrá ganadores y perdedores, y para algunas personas el ganar lo es todo. Conflictos, sentimientos heridos, condenar a otros, acusaciones, y comportamiento hiriente viene de ver la vida como competencia. Jugando la vida como una competencia puede y lo puede desarrollar lo opuesto de las características de la personalidad anteriormente descrita como fundamento para encontrar nuestro camino verdadero. Cuando el juego se ve como competencia en contra de otros, casi todos son perdedores, ya sea que se percaten o no de esto.

Por otro lado, esto puede verse como un juego de golf. Sólo un pequeño porcentaje de personas que están leyendo esto juegan golf, y lo que piensa la mayoría de la gente del golf ha sido influenciado por torneo que han visto y reportajes por los medios. Hay motivos por el cual personas mayores juegan golf. Para la mayoría se trata de estar con otras personas, estar en una actividad placentera afuera, y simplemente haciendo lo mejor que se pueda con los recursos que tienes. Las personas que juegan golf intentan hacer lo mejor que pueden con la habilidad y destreza que poseen. Si es una competencia, es muy a menudo una competencia personal contigo mismo, intentando ser un poco mejor. Las personas que no son buenas jugando golf, incluso tienen un ajuste en su puntuación si están compitiendo. Pero incluso estas "competencias" son más para divertirse, estar afuera, y estar con otras personas más que ganar. Una vez más, es sólo tratar de hacer lo mejor que puedas y el intentar mejorar tu juego mientras te diviertes. Vemos esto igual que el juego de la vida, si es que lo es. Haces lo mejor que puedes con los recursos que te son disponibles. Tratas de mejorar y practicas. Te diviertes con otros mientras que juegas y no tomas el aspecto de competencia muy en serio. En golf nadie ha tenido una "puntuación perfecta" y éste concepto ni siquiera existe en golf. Un juego de golf es jugar 18 hoyos, y una puntuación perfecta sería 18, que quiere decir que le pegas a la bola para que caiga al hoyo con sólo un swing. Nunca se ha logrado excepto en minigolf. Y no sería muy divertido si hicieras eso cada vez que jugaras. Cometerás errores pero aprende de esos errores y práctica mejorar el juego. Comparte tus experiencias con otros para que ellos aprendan, y escucha sus experiencias para que tú aprendas.

Mindfulness

En años reciente la idea Zen de Mindfulness (Atención Plena) ha encontrado un paso firme en tratamiento psicológico. Mindfulness se trata de estar en el ahora, ser consciente de cada momento. Es todo lo que tienes de todas maneras, como lo hemos mencionado anteriormente. Mindfulness está relacionado con no enfocarte en el pasado o qué es lo que vendrá en el futuro, se trata del aquí y ahora. Esto es de lo que se trata éste libro. Hemos enfatizado que todo lo que puedes controlar es lo que haces ahorita. Las cosas que les hemos llamado influencias inconscientes son vienen del pasado. Tus creencias son primordialmente acerca del pasado. Todo lo que tienes es el ahora. Hay un sin fin de recursos disponibles para personas que practican técnicas de mindfulness y casi todas son útiles. El concepto básico es usualmente que te relajes, y te enfoques en tu respiración y trates de aclarar tu mente y enfocarte en estar vivo. Otras técnicas de mindfulness incluyen el enfocarte completamente en un objeto eliminando todos los pensamientos y vive la experiencia de lo que te estás enfocando. Puede ser una flor, un árbol, un pájaro, un lápiz, no importa. El propósito es enfocarte completamente en el aquí y ahora y no distraerte con pensamientos del pasado o del futuro.

¿Cómo Voy a Usar Este Día?

En el Museo Paul "Bear" Bryant en University of Alabama (Universidad de Alabama) hay un pedazo de papel muy gastado que el famoso coach cargaba con el en su cartera. Supuestamente lo sacaba de la cartera y lo leía regularmente a sus equipos. Era una oración escrita por un contador de Texas y orador motivacional, Heartsill Wilson. Este es un resumen de ella:

"Este es el principio de un nuevo día.. Lo puedo desperdiciar o usarlo para el bien.. Cuando llegue el mañana, éste día ya se habrá ido para siempre, dejando algo en su lugar..Quiero que haya ganancias no pérdidas-el bien, no el mal".

El poema es un recordatorio adecuado de aprovechar el día, de usar el tiempo que tenemos en la vida y hacer buen uso de él. A lo mejor esto es todo lo que la vida nos pide. A lo mejor sólo vivimos una vez. A lo mejor no. Puedes creer lo que quieras acerca de esto, pero no importa lo que pienses hoy. O vas a saber un día que tienes una vida después de la muerte o desapareces y dejas de existir, tal vez como lo hiciste aproximadamente en los 10 billones de años de la existencia del universo antes de que llegaras. Todo lo que importa ahora, es ahora. Es todo lo que tienes. Decide cómo vas a vivir y como vas a tratar a los demás. Si crees que algunas ideologías religiosas es la clave, aprovechala. Si la rechazas aún estarás aquí—hasta que ya no estés. Lo que estás haciendo en cada momento es todo lo que hay—no hay nada más. Lo último que repetiremos es muy simple, es tan simple que es todo lo que tienes que saber. Tienes que tratar a ésta vida como si fuera la única vida que alguna vez tendrás.

Auto-Asesoría

Hay muchos razones posibles por las cuales las personas leen libros de self-help (Autoayuda). Sin embargo, es muy probable que haya una razón común y corriente en estos motivos. Las personas están intentando mejorar algunas áreas de su vida. Quieren cambiar y mejorar.

En algunos casos, hay problemas arraigados y problemas que requieren de ayuda profesional. Pero tal vez la mayoría de las personas que leen libros de autoayuda quieren hacer frente a sus problemas por sí mismos o sin tener que asistir a terapia o consejería formal. En años recientes la idea de "life coaching" se ha puesto de moda y puede ser un intento muy útil para muchos que están buscando asistencia. Life Coaching tiene varias definiciones pero todas implican que la persona que busca mejorar su vida tiene ayuda de otra persona que los orienta y da tutoría. Si necesitas ayuda profesional te aconsejamos que busques alguien calificado para lo que necesites. Si buscas un life coach hay muchos. Sin embargo, hay muchas personas que quieren hacer frente a sus problemas a su manera sin ayuda profesional. Te sugerimos que pienses en esto como "autocoaching".

Hay varios libros acerca de self coaching, la mayoría de ellos se trata de controlar o cambiar algún tipo de patología, pero aquí queremos presentarlo de diferente manera. Coaching siempre implica ánimo, apoyo y orientación de otra persona que supuestamente tiene más experiencia y capacidad en lo que sea que se está buscando. Así que la pregunta con que empezamos es, "¿Quién provee el ánimo, apoyo y orientación en self coaching?"

La respuesta a ésta pregunta ha sido mencionado muchas veces en éste libro, pero lo más probable es que "nuestra respuesta" no te venga a la mente inmediatamente. Claro que pensarás inmediatamente que con "self coaching" la respuesta es tú. Es verdad, por lo menos de una manera obvia pero no precisamente correcta. Pero esa no nuestra respuesta definitiva.

El título principal de éste libro es *Freedom to Change* (Libertad para Cambiar) y en el capítulo décimo le llamamos *Freedom 2 Change*. ¿Recuerdas a que se refiere el número "2"? Está en la página 131. Esa es la respuesta.

Muchas veces en este libro hemos mencionado la idea que todos tenemos dos "yos". Estos dos "yos" son *la persona que somos hoy y la persona que estamos intentando ser*. Muchas de las ideas que hemos mencionado se relacionan a los dos "yos" incluyendo la teoría de Maslow, el concepto de esforzarse por ser superiores y muchos otros. También hemos mencionado el concepto de un Camino Verdadero y un yo verdadero. *En self coaching, la persona que eres ahora es asesorada por la persona que te estás esforzando por ser.* Es muy probable que la persona que quieres ser tiene estándares altos, buenos hábitos, y una personalidad positiva y las características que mencionamos en el Capítulo 10. Así que de manera más sencilla tu permites que los estándares de tu "verdadero ser que aspiras" sea tu coach y tu mentor. Si puedes aceptar esta idea la encontrarás muy útil. Pero una cosa que puedes hacer al enfrentarte algunas situaciones es preguntarte a tí mismo algo muy simple: ¿Qué es lo que mi yo verdadero—mi "yo" superior—me está pidiendo que haga? Hay muchas otras maneras que puedes hacer esa pregunta. Por ejemplo, cuando te enfrentas con una decisión puedes preguntar, "¿Si fuera la persona que estoy tratando der ser, que es lo que haría?"

Self coaching requiere de tener metas y recuerda que cuando que lo que estás haciendo es tratar de ser mejor de lo que ya eres. Luego, claro tienes que actuar de acuerdo con los ideales y metas que aspiras alcanzar. Si eres constante en seguir éste método sencillo, progresaras. Sigue haciendo esto tiempo suficiente y muy frecuentemente tu camino verdadero aparecerá. Pero si lo que deseas es cambiar algo en tu vida, tienes que hacer algo diferente.

Hay muchas frases famosas que se relacionan a esta idea a su manera, y una de esas frases interesantes y relevantes procede de una película de 2012 titulada, *The Samaritan*. Dice así, "Si sigues haciendo lo que siempre has hecho, entonces seguirás siendo lo que siempre has sido".

Cosas que hay que Tener en Cuenta-Un Resumen

Hay varias cosas que puedes hacer para cambiar lo que deseas y practicando—o actuando como quieres ser—es sólo un método. También necesitas fijar metas y retar tus creencias acerca de ellas. Recuerda que los sentimientos están conectados a las creencias y que las creencias no siempre reflejan la verdadera verdad. Intenta seguir las dos reglas más importantes: No hagas daño y has lo mejor que puedas con los recursos disponibles en cada situación. También ten en mente que eres una creación y que puedes cambiar casi todo en tu vida si quieres. Pero es mejor empezar con metas chicas y medibles. El fracaso sólo aparece cuando ya no intentas. Los obstáculos primordiales vienen de una tendencia básica escondida en el subconsciente. Es decir, evitamos cosas desagradables y estamos predispuestos a seguir el camino de menor resistencia. Finalmente, práctica usando el método ABCD. Entre más practiques, se vuelve más fácil.

Gracias por leer. Si te hemos ayudado de cualquier manera, porfavor envía tu comentario a Amazon y dinos como te ayudamos!

Puedes encontrar videos y material adicional del programa disponible para individuos y Life Coaches en nuestra página internet: www.freedom2change.org

REFERENCES

Arbesman, S. (2102) *The Half-Life of Facts*. NY: Penguin Books.

Atwood, M. (2017) True Truth. http://www.swimbikemom.com/2017/02/truth-truth.html?doing_wp _cron=1528749972.1117560863494873046875

Careerbuilder.com (2017) Living Paycheck to Paycheck is a Way of Life for Majority of U.S. Workers, According to New Career Builder Survey. http://press.careerbuilder.com/2017-08-24-Living-Paycheck-to-Paycheck-is-a-Way-of-Life-for-Majority-of-U-S-Workers-According-to-New-CareerBuilder-Survey

Carnegie, D. (2011) *How to win friends & influence people in the digital age.* NY: Simon & Schuster.

Cooper, R. (2013) First, do no harm? http://eprints.lancs.ac.uk/76424/1/octrevisedpppapercleanversion.pdf

Dunbar, R. (1992) Neocortex size as a constraint on group size in primates. *Journal of Human Evolution*, 22 (6), 469-493.

Elkins, K. (2017) Warren Buffett's best advice for young people has nothing to do with business. https://www.cnbc.com/2017/01/30/warren-buffetts-best-advice-for-young-people.html

Ellis, A. (1957) Rational psychotherapy and individual psychology. *Journal of individual psychology*, 13, 38-44.

Givens, W. (2003) *Ninety-Nine Iron*. Tuscaloosa, AL: Univ. of Alabama Press.

Hagura, N., Haggard, P., & Diedrichsen, J. (2017) Perceptual decisions are biased by the cost to act. *eLife*, 2017;6:e18422.

Hardy, A. (2006) First do no harm. *EMBO Reports*, 7:12, 1199. Harvard Health Publishing (2008) Optimism and your health. https://www.health.harvard.edu/heart-health/optimism-and-your-health

Herbert, J., & Sageman, M. (2008) First do no harm. https://onlinelibrary.wiley.com/doi/bs/10.1002/9780470713570.ch11

Introduction to Psychology (2017) Is personality more nature or more nurture? Behavioral and molecular genetics. http://open.lib.umn.edu/intropsyc/chapter/11-3-is-personality-more-nature-or-more-nurture-behavioral-and-molecular-genetics/

Kahneman, D. (2011) Bias, blindness, and how we really think. *Bloomberg.com*. Three-part article published October 24, 25, & 27, 2011.

Little, G. L. (1997) *Psychopharmacology: Basics for counselors*. Memphis: Advanced Training Associates, LLC.

Little, G. L., (1997) *Staying Quit*. Memphis: ATA, LLC.

Little, G. L., Robinson, K. D., & Burnette, K. D. (1998) *Effective counseling approaches for chemical abusers & offenders*. Memphis: Eagle Wing Books, Inc.

Maslow, A. (1943) A theory of human motivation. *Psychological Review*, 50, 370-396.

McQueeney, R. (2017) Warren Buffett's advice to young people: Be a good person. https://www.zacks.com/stock/news/268156/warren-buffetts-advice-to-young-people-be-a-good-person

Peck, M. Scott. (1978) *The Road Less Traveled*. NY: Simon & Schuster.

Piff, P., & Moskowitz, J. (2017) Wealth, poverty, and happiness: Social class is differentially associated with positive emotions. *Emotion*, December 18: dx.doi.org/10.1037/emo0000378.

Rogers, C. (1951) *Client centered therapy*. London: Constable.

Saban, N. (2013) Check-in speech given by Nick Saban at NFSC 2013. YouTube.

Schwantes, M. (2018) Warren Buffett Says Integrity Is the Most Important Trait to Hire For. https://www.inc.com/marcel-schwantes/first-90-days-warren-buffetts-advice-for-hiring-based-on-3-traits.html

Soat, M. (2015) Social media triggers a dopamine high. *Marketing News*, November, 2015.

Soon, C., Brass, M., Heinze, H., & Haynes, J. (2008) Unconscious determinants of free decisions in the human brain. *Nature Neuroscience*, 11, 543-545.

Wanis, P. (2017) Can feelings be wrong? *Success Newsletter*, May 19. https://www.patrickwanis.com/can-feelings-be-wrong/

Watts, A. This is why you're not happy. www.youtube.com/watch?v=6Qb5sx65kRE

Webster, L. (2017) The Tribune was wrong. Medicine often involves a risk to the patient. http://thepainfultruthbook.com/2017/12/first-do-no-harm/

ACERCA DE LOS AUTORES

El Dr. Greg Little tiene una maestría en Psicología y un doctorado en Psicología en Educación y Terapia de Memphis State Univeristy (ahora University of Memphis, Universidad de Memphis). Es Terapeuta Profesional ya retirado, Psicólogo Certificado a nivel Nacional y Certificado como Life Coach. Sus programas para tratar personalidades criminales, abuso de sustancias, trauma y a Veteranos son usados en todos los 50 estados y en 8 países. Es autor y coautor de 50 libros y ha participado en 14 documentales.

Kimberley Prachniack se graduó de la Universidad de Sewanee con licenciatura en Psicología y maestría de Ciencias en Community Agency Counseling (Terapia a Comunidades) de la Universidad de Memphis. Ha trabajado como terapeuta especialista en consumo de drogas y alcohol en cárceles de Memphis y como entrenadora corporativa entrenando a otros profesionistas en los Estados Unidos y Canadá rehabilitando a clientes en cárceles o en libertad bajo fianza. Actualmente es parte del Consejo de Administración de un comité de investigación ayudando a proteger a seres humanos y es la Subdirectora del departamento en donde ha trabajado por más de diez años en una Universidad local.

Stanley Prachniak recibió su título de Psicología de la Universidad de Memphis en 1999. En el 2015 después de haber trabajado en cargos de nivel superior, tomó la decisión de estudiar una maestría en Administración de Empresas. En el 2018 se graduó de la Universidad de Memphis. Después de graduarse publicó su primer libro *Getting a Job: and Exploring Career Possibilities,* (Conseguir un Trabajo: y Explorando Posibilidades en la Carrera) que fue elaborado para animar a menores y jóvenes adultos de seguir sus intereses al considerar empleos y una trayectoria profesional. La decisión de Stan de volver a la escuela a la edad de 41 le permitió descubrir posibilidades que nunca había antes considerado. Al fin aceptó que tenía el poder de cambiar su vida y de mejorar. Eso es de lo que se trata el tener la Libertad para Cambiar.

www.ingramcontent.com/pod-product-compliance
Lightning Source LLC
Chambersburg PA
CBHW050123280326
41933CB00010B/1214